AF257195

EXPLICATION DU PANORAMA

DE LA

BATAILLE DE SOLFERINO

Clichy. — Imp. de Maurice LOIGNON et Cie, rue du Bac-d'Asnières, no 12.

EXPLICATION DU PANORAMA

DE LA BATAILLE

DE

SOLFERINO

PAR

LE COLONEL CH. LANGLOIS

Commandeur de la Légion d'honneur

AUTEUR DES PANORAMAS DE NAVARIN, D'ALGER, DE LA MOSKOWA,
DE L'INCENDIE DE MOSCOU, D'EYLAU, DES PYRAMIDES ET DE SÉBASTOPOL.

PARIS

LIBRAIRIE ADMINISTRATIVE DE PAUL DUPONT
RUE DE GRENELLE-SAINT-HONORÉ, 45

1865

INTRODUCTION

Le 24 juin 1859 eut lieu la bataille de Solferino.

Solferino et Magenta sont les seules grandes batailles qui aient été livrées depuis le premier Empire.

La bataille de Solferino s'engagea à l'improviste contre une armée instruite, brave, disciplinée, ayant l'avantage du nombre, les plus fortes positions et la connaissance parfaite des difficultés du terrain, complétement ignorées de ses adversaires. De là, dans l'exécution des ordres, des irrésolutions qui pouvaient compromettre le sort de la journée:

Commencée à cinq heures du matin, la bataille paraissait, à une heure, tout à l'avantage de l'armée autrichienne. Quelques heures après, cette armée, percée au centre, se voyait enlever ses plus fortes positions et ne combattait plus que pour assurer sa retraite, qu'un orage terrible vint protéger.

La paix s'en suivit et bientôt on vint de toutes parts visiter ces lieux devenus célèbres. Deux ans après, les visiteurs affluaient encore ; mais les tombes étaient affaissées ; quelques croix étaient restées debout, un plus grand nombre étaient renversées, et personne ne songeait à les relever.

Les morts et leur mémoire vont vite !

Cependant combien peu de batailles ont eu des résultats aussi rapides, des conséquences aussi grandes, aussi inattendues !

Mais l'Empereur s'en est souvenu. Il a voulu qu'on perpétuât la mémoire d'un événement glorieux pour la civilisation, pour la France, pour l'armée.

Comment expliquer cette lutte de trois cent mille hommes, combattant sur une étendue de plus de cinq lieues ? Et quelle position choisir de préférence, au milieu de tant de points importants de ce vaste champ de bataille ? Parmi les plus remarquables, il en est une cependant dont la conquête a fait percer le centre de l'armée autrichienne, de même qu'elle a permis de tourner et d'enlever les positions de la tour, contre lesquelles avaient échoué, jusque-là, l'intrépidité et l'audace des trois divisions du premier corps.

Cette position est le mont Alto, centre de la manœuvre qui détermina le succès de la bataille. Ce lieu est d'ailleurs doublement célèbre; car c'était en s'emparant de ce même point, le 5 août 1796, que le général Bonaparte y fixait la victoire de Castiglione.

Le bulletin sera donné dans la notice pour ceux qui désirent connaître toutes les phases de cette grande bataille, sans se préoccuper des détails minutieux de l'exécution.

Mais, pour le panorama qui ne peut représenter qu'un seul instant, qu'une seule de ces phases, c'est surtout par les détails qu'il peut intéresser et instruire. Je puiserai ces détails, d'abord dans le bulletin, en indiquant les citations par des guillemets; puis dans les rapports officiels, ainsi que dans un ouvrage important publié au ministère de la guerre, sur des notes communiquées par le gouvernement autrichien; je les puiserai, enfin, dans ce que j'ai recueilli pendant cinq mois de recherches et d'études, sans relâche, sur un terrain où l'on trouve encore aujourd'hui des traces profondes de cette mémorable journée.

LA BATAILLE

24 juin 1859 (1)

La position du mont Alto, où les Autrichiens avaient placé des troupes nombreuses et huit pièces de canon, est à quelques minutes de Solferino. Elle est séparée, par la route de Castiglione à ce village, de la hauteur principale formée par les crêtes escarpées d'un ancien cratère, autour duquel sont, d'un côté, les cyprès et la tour de Solferino ; de l'autre, le vieux château, le cimetière et, sur les pentes, le village de Pozzo Catena, que l'on ne peut apercevoir.

Du mont Alto, aussi loin que la vue peut s'étendre, depuis le lac de Garde, au nord, jusqu'à Médole et la Chièse, au sud, les hauteurs et les plaines étaient occupées le 24 juin 1859, au matin, par l'armée autrichienne revenant sur ses pas, afin de combattre l'armée alliée avant l'arrivée du 5ᵉ corps.

De son côté, l'armée alliée, n'ayant pas rencontré l'armée autrichienne sur les bords de la Chièse, s'était mise en marche vers le quadrilatère, où cette dernière s'était retirée.

« D'après l'ordre général donné par l'Empereur le 23 juin au soir, l'armée du roi devait se porter sur Pozzolengo, le maréchal Baraguay-d'Hilliers sur Solferino, le maréchal duc de Magenta sur Cavriana, le général Niel sur Guidizzolo, et le maréchal Canrobert sur Médole.

---

(1) On trouvera à la fin de cette notice l'explication plus abrégée du panorama.

« La garde impériale devait se diriger sur Castiglione, et les deux divisions de cavalerie de la ligne devaient se porter dans la plaine, entre Solferino et Médole.

« Il avait été décidé que les mouvements commenceraient à deux heures du matin, afin d'éviter l'excessive chaleur du jour. »

Le 24 juin, dès cinq heures du matin, l'Empereur, étant à Monte Chiarre, entendit le bruit du canon dans la plaine et se dirigea en toute hâte sur Castiglione, où devait se réunir la garde impériale ; puis il monta au vieux château, d'où il comprit l'imminence d'une grande bataille, et de là se rendit au 2e corps d'armée sur la route de Mantoue.

« Mais le 23 et dans la nuit du 23 au 24 juin, l'armée autrichienne avait repassé le Mincio à Goïto, Valegio, Monzambano et Peschiera, et occupait les formidables positions vers lesquelles se dirigeaient les corps de l'armée alliée.

« Les deux armées, en marche l'une contre l'autre, se rencontrèrent donc inopinément.

« A peine les maréchaux Baraguay-d'Hilliers et de Mac-Mahon avaient-ils dépassé Castiglione qu'ils se trouvèrent en présence de forces considérables qui leur disputèrent le terrain.

« Au même instant, le général Niel se heurtait contre l'ennemi, à la hauteur de Médole ; l'armée du roi, en route sur Pozzolengo, rencontrait de même les Autrichiens en avant de Rivoltella, et, de son côté, le maréchal Canrobert trouvait le village de Castel Goffredo occupé par la cavalerie ennemie.

« Tous les corps de l'armée alliée étant alors en marche à une assez grande distance les uns des autres, l'Empereur se préoccupa tout d'abord de les relier, afin qu'ils pussent se soutenir mutuellement.

« A cet effet, Sa Majesté se porta immédiatement auprès du maréchal duc de Magenta, qui était à droite dans la plaine, et qui s'était déployé perpendiculairement à la route qui va de Castiglione à Goïto.

« Comme le général Niel ne paraissait pas encore, Sa Majesté fit

hâter la marche de la cavalerie de la garde impériale et la mit
sous les ordres du duc de Magenta, comme réserve, pour opérer
dans la plaine, sur la droite du 2e corps.

« L'Empereur envoya en même temps au maréchal Canrobert
l'ordre d'appuyer le général Niel, autant que possible, tout en lui
recommandant de se garder, à droite, contre un corps autrichien
qui, d'après les avis donnés à Sa Majesté, devait se porter de
Mantoue sur Azzola.

« Ces dispositions prises, l'Empereur se rendit sur les hauteurs,
au centre de la ligne de bataille, où le maréchal Baraguay-d'Hilliers, trop éloigné de l'armée sarde pour pouvoir se relier avec
elle, avait à lutter, dans un terrain des plus difficiles, contre des
troupes qui se renouvelaient sans cesse. »

L'Empereur fit aussitôt avertir le roi de rapprocher ses divisions de l'armée française, et donna l'ordre de masser l'infanterie
et l'artillerie de la garde au bas et sur les pentes du mont Fénile,
que la division Forey venait d'enlever, et d'où elle partait pour de
nouvelles attaques dans la montagne.

Pour faciliter l'explication du panorama, on la commencera par
l'aile droite de l'armée française, et l'on fera voir la position des
armées belligérantes, de une heure à une heure et demie, ainsi
que les traces des combats dont cette heure a été précédée.

TROISIÈME CORPS.

MARÉCHAL CANROBERT.

« Le 3e corps, parti de Mezzane à deux heures et demie du
matin, avait passé la Chièse à Visano et était arrivé à sept heures
à Castel Goffredo, petite ville enceinte de murs que la cavalerie de
l'ennemi occupait encore.

« Tandis que le général Jannin tournait la position au sud, le général Renault l'abordait de front, faisait enfoncer la porte par les sapeurs du génie, et pénétrait dans la ville en chassant devant lui les cavaliers ennemis.

« Vers neuf heures du matin, la division Renault, arrivée à la hauteur de Médole, se reliait sur sa gauche avec le général de Luzy, du côté de Ceresara, et, sur sa droite, faisait face à Castel Goffredo, où il avait laissé la division Bourbaki, de manière à surveiller les mouvements du corps détaché, dont le départ de Mantoue avait été annoncé.

« Cette appréhension paralysa, pendant la plus grande partie du jour, le corps d'armée du maréchal Canrobert, qui ne jugea pas prudent de prêter tout d'abord au 4ᵉ corps l'appui que lui demandait le général Niel.

« Cependant les troupes du 4ᵉ corps étaient fort engagées et prenaient une large et glorieuse part à la bataille de Solferino.

QUATRIÈME CORPS.

GÉNÉRAL NIEL.

« Le 4ᵉ corps, parti de Carpenedolo à trois heures du matin, se dirigeait sur Médole, appuyé par les divisions de cavalerie Desvaux et Partouneaux, lorsqu'à deux kilomètres, en avant de Médole, les escadrons de chasseurs qui éclairaient la marche du corps rencontrèrent les uhlans et les chargèrent avec impétuosité; mais ils furent arrêtés par l'infanterie et l'artillerie ennemies qui défendaient la ville.

« Le général de Luzy prit aussitôt ses dispositions d'attaque. Pendant qu'il faisait tourner Médole à droite et à gauche par deux colonnes, il s'avançait lui-même de front, précédé par son artillerie qui canonnait la ville.

« Cette attaque, exécutée avec une grande vigueur, eut un plein succès. A sept heures, l'ennemi abandonnait Médole, où nous lui avons enlevé deux canons et fait huit à neuf cents prisonniers.

« La division Vinoy, qui suivait la division de Luzy, se porta, en quittant Médole, dans la direction d'une maison isolée et nommée Casa Nova, qui est située dans la plaine, près de la route de Mantoue, à deux kilomètres de Guidizzolo. L'ennemi se trouvait en force considérable de ce côté, et un combat acharné s'y engageait, pendant que la division de Luzy marchait d'une part vers Ceresara, et, de l'autre, vers Rebecco.

« En ce moment, l'ennemi tenta de tourner la gauche de la division Vinoy par l'intervalle que laissaient entre eux les 2e et 4e corps. Il approcha jusqu'à 200 mètres du front de nos troupes ; mais il fut arrêté par le feu de quarante-deux pièces d'artillerie dirigées par le général Soleille. Le canon de l'ennemi vint aussitôt prendre part à la lutte et la soutint une partie de la journée, bien qu'avec une infériorité manifeste.

« La division de Failly arriva à son tour, et le général Niel, réservant la seconde brigade de cette division, fit porter la première entre Casa Nova et Rebecco, vers le hameau de Baïte, pour relier le général de Luzy et le général Vinoy.

« Le but du général Niel était de se porter vers Guidizzolo, dès que le maréchal Mac-Mahon se serait emparé de Cavriana. Il espérait ainsi couper à l'ennemi la route de Volta et de Goïto ; mais, pour exécuter ce plan, il fallait que les troupes du corps du maréchal Canrobert vinssent remplacer à Rebecco celles du général de Luzy. »

Nous devons ajouter ce que l'on a su depuis : c'est que le 3e corps autrichien ayant épuisé toutes ses réserves, sans pouvoir reprendre les positions qu'il avait perdues, le 9e corps lui vint en aide, et bientôt s'engagea tout entier contre le corps du général Niel.

Le combat devint alors des plus terribles ; les trouées faites dans les lignes françaises se refermaient difficilement. Cependant, par des attaques à la baïonnette rapidement exécutées, des bataillons de réserve, lancés contre l'ennemi, parvenaient, à force d'audace, à le faire reculer, et, la ligne reformée, le combat recommençait avec plus d'acharnement.

Vers midi, les deux derniers corps autrichiens (le 7ᵉ et le 11ᵉ) arrivèrent sur le champ de bataille.

Le 7ᵉ (feld-maréchal lieutenant Zobel) se dirigea sur Casa del Monte, San Cassiano et Monte Fontana, appuyant ainsi le corps de Clam Gallas et la cavalerie de Mensdorff. Le 11ᵉ corps marcha sur Guidizzolo et alla se réunir aux 3ᵉ et 9ᵉ corps, avec lesquels il se précipita sur le 4ᵉ corps, épuisé par un combat furieux et sans relâche depuis six heures du matin.

DEUXIÈME CORPS.

MARÉCHAL MAC-MAHON.

Alors que chaque instant rendait plus dangereuse la situation du 4ᵉ corps, le 2ᵉ, celui du maréchal Mac-Mahon, « s'était déployé dans la plaine de Guidizzolo, en avant de la ferme de Casa Marino, et sa ligne de bataille, coupant la route de Mantoue, dirigeait sa droite vers Médole. A 9 heures du matin, il fut attaqué par une forte colonne autrichienne, précédée d'une nombreuse artillerie qui vint se mettre en batterie à mille ou douze cents mètres de notre front.

« L'artillerie des deux premières divisions du 2ᵉ corps, s'avançant immédiatement sur la ligne des tirailleurs, ouvrit un feu très-vif contre le front des Autrichiens, et, dans le même instant, les batteries à cheval des divisions Desvaux et Partouneaux, se portant rapidement sur la droite, prirent en écharpe les canons ennemis, qui furent ainsi réduits au silence et bientôt forcés à se reporter en

arrière. Immédiatement après, les divisions Desvaux et Partouneaux chargèrent les Autrichiens et leur firent 600 prisonniers.

« Cependant le 10ᵉ hussards autrichien avait cherché à tourner la gauche du 2ᵉ corps, et le duc de Magenta avait dirigé contre
ce régiment six escadrons de chasseurs. Trois charges heureuses
de notre cavalerie repoussèrent celles de l'ennemi, qui laissa dans
nos mains bon nombre d'hommes et de chevaux. »

De onze heures à une heure, le maréchal fit replier la division de
droite —(général de La Motterouge), — la fit passer à la gauche du
général Decaen, et la remplaça par les vingt-quatre escadrons de
la garde (général Morris).

PREMIER CORPS.

MARÉCHAL BARAGUAY-D'HILLIERS.

Après avoir successivement enlevé Barche de Castiglione, le
Fontane, le Grole et le mont Fénile, le 1ᵉʳ corps était arrivé en
face de la colline abrupte, au sommet de laquelle sont la tour de
Solferino et le mont des Cyprès, tous les deux armés de canons.
Au bas est le village de Pozzo Catena, que l'on prit pour Solferino,
où l'ordre avait été donné de se rendre.

Pozzo Catena, rempli de soldats autrichiens, était encore défendu
« par des forces considérables, retranchées dans un vieux château et dans un grand cimetière, entourés l'un et l'autre de murs
épais et crénelés.

« Le maréchal avait déjà perdu beaucoup de monde, et dû
payer plus d'une fois de sa personne, en portant lui-même en
avant les divisions Bazaine et Ladmirault. Exténuées de fatigue
et de chaleur, et exposées à une vive fusillade, ces troupes ne
gagnaient du terrain qu'avec une grande difficulté. »

Il ne restait plus de ce corps que la seule brigade d'Alton qui n'eût pas donné.

Avant d'engager la réserve, l'Empereur ordonna l'attaque du mont des Cyprès par cette brigade, soutenue par quatre pièces de la réserve.

Formée aussitôt par bataillon en masse, à demi-distance, et conduite par le général Forey lui-même et le général d'Alton, elle marcha résolùment contre cette position ; mais elle fut bientôt criblée par la mitraille et par les obus de douze à quatorze bouches à feu de la tour et du mont Alto. Les rangs furent rompus et les soldats s'embusquèrent de toutes parts pour répondre au feu de l'ennemi et reprendre l'offensive à la première occasion.

Cependant la batterie Canecaude, placée à 300 mètres, canonnait le cimetière et y ouvrait une brèche, tandis qu'une batterie du général Forgeot venait en aide à une des brigades du général Durando, en arrêtant, à quinze ou seize cents mètres, des colonnes autrichiennes qui la poursuivaient.

A l'extrême gauche, les divisions piémontaises des généraux Mollard et Cucchiari avaient perdu les positions et les canons qu'elles avaient, à plusieurs reprises, enlevés au corps de Benedek.

Telle était la situation des armées belligérantes en ce moment solennel.

L'Empereur avait vu l'insuccès de la brigade d'Alton, ainsi que la marche de fortes colonnes descendant de Casa del Monte et se dirigeant sur les monts Alto et Pellegrino, déjà garnis de troupes et d'artillerie.

Le général Camou, des voltigeurs de la garde, reçut ordre de mettre en marche sa division.

L'Empereur ordonna au général Manèque, commandant la 1re brigade, d'attaquer les positions de l'ennemi.

Trois batteries d'artillerie de la garde, sous les ordres des généraux Lebœuf et Sévelinges, soutenaient cette attaque, et une brigade de grenadiers devait lui servir de réserve.

La 2e brigade de la division Camou, commandée par le général

Picard, marchait vers la montagne, afin d'appuyer les nouvelles attaques du 1er corps.

La brigade Manèque partit sur deux colonnes, la première de quatre, la seconde de deux bataillons, précédées par des compagnies de chasseurs. Parvenu à la route de Médole à Pozzo Catena, le général fit déployer la première colonne, par bataillon en masse, pour servir de réserve et d'appui aux compagnies lancées en tirailleurs qui formaient sa première ligne. Il fit alors battre la charge et attaquer les brigades Hoditz et Retznitchek, occupant les monts Alto, Pellegrino et Forco.

La 1re ligne autrichienne, en avant du mont Alto, fut renversée du choc et vivement poursuivie. Une demi-batterie de la garde appuya cette attaque; elle fit sauter un caisson autrichien sur le mont Alto, en même temps qu'une vigoureuse charge à la baïonnette enlevait cette hauteur et deux des huit pièces qui l'avaient occupée, et tandis que les six autres pièces, pour éviter le même sort, se retiraient en désordre.

Une des batteries de la garde s'établit sur la hauteur ainsi conquise, et, par son feu sur Solferino, facilita la prise de ce village, pendant que les deux bataillons du 1er régiment de voltigeurs enlevaient, au pas de charge, le mont Pellegrino.

Le bataillon de chasseurs et le 1er bataillon du 2e régiment de voltigeurs, en entrant à Solferino, coupaient à l'ennemi ses deux lignes de retraite sur Cavriana et sur Valegio, lignes sur lesquelles ils le poursuivirent à outrance.

En même temps deux compagnies de chasseurs traversèrent le village au bout duquel était la dernière ligne de retraite de l'ennemi. En passant sur la place exposée au feu de la tour, vingt soldats et le lieutenant Moneglia s'élançaient sur la rampe qui conduit à cette tour.

Les troupes autrichiennes qui défendaient les hauteurs de Solferino, frappées de surprise en voyant de si vives attaques menacer leur dernière ligne de retraite, ne songèrent plus qu'à sauver leur artillerie.

Sur les huit pièces de la tour, descendant au galop, deux

tombent dans un fossé et y sont abandonnées ; les autres, en arrivant à la bifurcation de la route qui doit les conduire hors du village et les sauver, trouvent, en cet endroit, le détachement de chasseurs qui tue à bout portant les chevaux de la première pièce. Celles qui suivent, ne pouvant être arrêtées, s'accumulent contre cet obstacle. Canonniers, conducteurs et l'escorte qui les suit, tous alors abandonnent les pièces et retournent précipitamment au château ; mais l'épouvante y était à son comble, car en ce moment les Autrichiens étaient attaqués par la seconde colonne du général Manèque, qui, après sa réunion à la division Forey, escaladait, de l'autre côté, les hauteurs de la tour, avec ses deux bataillons déployés et précédés d'une compagnie de chasseurs. En traversant le champ de bataille de la brigade d'Alton, ces bataillons étaient accueillis au cri de : *Vive l'Empereur !* par les soldats de cette brigade (91ᵉ et 98ᵉ de ligne) qui, remplis d'enthousiasme à la vue du secours qui leur arrivait, s'élançaient de toutes parts vers le mont des Cyprès, qu'ils emportaient au milieu de la plus vive fusillade et après une résistance désespérée.

En même temps les deux bataillons de voltigeurs et les chasseurs gravissaient les pentes jusqu'au pied de la tour qui domine le château et s'en emparaient (1).

Les maisons de Pozzo Catena furent successivement enlevées par la division Bazaine, dont un bataillon du 75ᵉ et les compagnies d'élite du régiment escaladèrent le cimetière et enlevèrent le drapeau et des prisonniers au régiment de Gustave Wasa.

« A trois heures et demie, les troupes autrichiennes évacuaient la position sous le feu de notre artillerie qui canonnait les crêtes, en laissant entre nos mains quinze cents prisonniers, quatorze pièces de canon et deux drapeaux. »

---

(1) Entrés les premiers dans le château par la porte de l'Horloge, ils y prenaient un drapeau, quatre à cinq cents hommes de différents corps et un grand nombre d'officiers et de soldats blessés. Les zouaves y entraient ensuite par la porte de l'Ouest, qui est celle de Pozzo Catena, du cimetière et de San Martino.

La part de la garde, dans ce glorieux trophée, était de treize canons et un drapeau.

Les divisions du 1er corps étaient à peine reformées que, par ordre de l'Empereur, la division Forey se porta sur les crêtes, dans la direction de Cavriana, et la division Bazaine poursuivit pendant une lieue, dans la plaine, les colonnes autrichiennes qui fuyaient devant elle, sous le feu de ses batteries, et lui abandonnaient de nombreux prisonniers. Ces deux divisions réunies devinrent une seconde réserve pour l'armée en opération. En même temps la division Ladmirault, qui avait le plus souffert, occupait la redoutable position de Solferino.

Pendant ces événements, le général Manèque avait continué sa marche et obtenu de nouveaux succès.

Le bataillon du 2e régiment de voltigeurs, qui poursuivait l'ennemi sur la route de Valegio, l'avait débusqué de toutes ses positions et s'était emparé du mont Fillin, sur le flanc de la ligne ennemie de Casa del Monte, tandis que les trois autres bataillons l'attaquaient de front, après avoir enlevé le mont Forco.

Mais le feld-maréchal lieutenant comte Clam Gallas avait rallié ses troupes, réuni ses réserves, et, renforcé par la brigade Brandenstein, du corps de Zobel, il avait repris l'offensive par des attaques réitérées.

La position des voltigeurs était critique, lorsqu'une batterie d'artillerie à cheval de la garde vint faire diversion, en s'établissant à droite et à gauche de la route, sur le mont Forco. Le général Lebœuf fit diriger son feu sur des troupes nombreuses qui occupaient San Cassiano, et le général Mellinet, des grenadiers de la garde, précédant sa division, accourut avec un bataillon au secours des voltigeurs.

Électrisés par ce renfort et réunis aux compagnies de chasseurs, à la section du génie, et appuyés par les deux pièces de gauche de la batterie de la garde, les voltigeurs firent un dernier effort et rejetèrent définitivement l'ennemi au delà de Casa del Monte. Le génie mit aussitôt cette habitation dans un excellent état de défense contre un retour offensif de l'ennemi, et les deux pièces qui avaient beaucoup souffert y prirent position. L'ennemi voulait, en effet, se rallier à Pagliette de Cavriana pour reprendre l'offensive; mais une attaque rapide, dirigée contre lui, l'obligea à précipiter sa retraite.

Le général Manèque avait été rejoint dans cette position par un bataillon du 3e régiment de voltigeurs que lui envoyait le général Camou, et qui annonçait qu'après avoir rallié les deux bataillons qui s'étaient emparés de la tour de Solferino, cet officier général accourait avec la brigade Picard pour rejoindre sa 1re brigade.

D'un autre côté, l'approche du maréchal Mac-Mahon, qui, à deux heures et demie, avait pris l'offensive et arrivait avec tout son corps d'armée et la cavalerie de la garde, obligea l'ennemi à quitter San Cassiano pour se retirer sur le Monte Fontana et sur Cavriana.

Il ne restait plus que ces deux points à enlever pour opérer la séparation complète de l'armée autrichienne en deux parties.

Dans ce but, l'Empereur, en arrivant au mont Forco, ordonna au général Manèque de prendre Cavriana. Une batterie de 12 (commandant Lafaille) appuyait cette attaque, que devait seconder le général Camou arrivant avec le reste de sa division. Les grenadiers et l'artillerie à cheval de la garde servaient de réserve au corps du maréchal Mac-Mahon, dans son attaque « contre Monte Fontana, défendu par des forces considérables. Un premier mamelon, couronné par une espèce de redoute, tomba rapidement au pouvoir des tirailleurs algériens; mais l'ennemi, par un vigoureux retour offensif, parvint à les déloger : ils s'en emparèrent de nouveau, avec l'aide des 45e et 72e de ligne, et en furent repoussés encore. Pour soutenir cette attaque, le général de La Motterouge dut faire marcher sa brigade de réserve, et le maréchal Mac-Mahon fit avancer son corps tout entier. »

L'artillerie de la garde s'était fait remarquer dans toutes les stations de cette lutte opiniâtre; ici encore elle contribuait puissamment à arrêter les retours offensifs d'un ennemi intrépide, et prouvait que rien ne lui était impossible en escaladant les crêtes redoutables de Monte Fontana, où jusque-là l'infanterie n'avait pas

encore pu se maintenir. La batterie de ligne du commandant Lafaille y avait contribué de son côté : elle avait pris position sur un
rideau en avant de Pagliette et tirait sur des masses à l'entrée de
Cavriana ; puis, lorsque l'insuccès des tirailleurs algériens appela
son attention sur sa droite, changeant aussitôt de direction, elle
se mit à tirer sur les Autrichiens, et, les prenant en flanc et à
revers, contribua à arrêter leur poursuite contre les tirailleurs,
pendant la lutte si vive que soutenait le 2e corps. La batterie du
commandant Lafaille alterna son feu contre le Monte-Fontana et
contre Cavriana.

Le général Manèque avait laissé, pour la garde de cette batterie,
un bataillon du 3e régiment de voltigeurs, et, avec le reste de ses
troupes, il s'était dirigé vers le vieux château de Cavriana qui
domine toutes les défenses de la ville. Une attaque de front paraissait impossible ; tourner la position était dangereux, si l'ennemi
y était en force. Mais au pied est Borgo Pozzone, espèce de faubourg, couvrant la porte de la ville et que les Autrichiens occupaient
en force avec de l'artillerie.

Le général Manèque le fit attaquer aussitôt. L'ennemi fut débordé
et renversé. Deux pièces de canon, près d'être enlevées, partirent
au galop et ne reparurent plus. En même temps quelques hardis
chasseurs, envoyés à la découverte, escaladaient les vieilles murailles et apparaissaient sur la plate-forme du château à une hauteur prodigieuse. Ils y surprenaient un poste en observation qui
s'enfuit vers la ville en y semant l'alarme, tandis que les vainqueurs arrivaient à la tour du beffroi et y sonnaient les cloches à
toute volée. Interprétée comme un signal d'alarme, cette sonnerie
remplit d'épouvante les nombreux Autrichiens qui étaient dans
la ville. De toutes parts ils coururent vers les brèches pour en
sortir.

En même temps les voltigeurs et les chasseurs précipitaient
leurs attaques et arrivaient victorieux sur le mont Baïte, qui
tourne et domine les vieilles murailles de Cavriana. C'est alors que
le général Manèque, avec le bataillon du 3e voltigeurs et la batterie
du commandant Lafaille, entrait par la porte ogivale, et, tra-

versant la ville du nord au sud, arrivait au débouché de la route de Solferino, où nulle troupe n'apparaissait; là il tournait à l'est, sortait de la ville, et allait, à plus d'un kilomètre en avant, prendre la position de la Madona della Pieve, au milieu de l'effroyable tempête qui suspendit la fureur des combattants et protégea la retraite de l'armée ennemie.

Cette position, enlevée aussitôt qu'attaquée, était la dernière où l'ennemi pouvait opposer quelque résistance.

Alors se trouva réunie, dans une belle position en avant de la ville, la 1re brigade des voltigeurs de la garde, occupant près d'une demi-lieue d'étendue jusqu'à la cime du mont Baïte. Elle y fut bientôt renforcée par une batterie à cheval du colonel Berkeim et par la 2e brigade de voltigeurs.

C'est ainsi que, par l'exécution exacte des ordres de l'Empereur, cette brigade avait débordé, puis tourné la position si renommée de Solferino, dont elle avait facilité la prise. Elle s'était ensuite attaquée successivement à toutes les fractions du corps de Clam Gallas, les avait dispersées malgré l'appui de la brigade Brandenstein, du corps de Zobel, et toutes les positions les plus fortes, les mieux défendues, avaient été enlevées sans pertes comparables à celles de l'ennemi.

Si je suis entré dans d'aussi minutieux détails, c'est que les Autrichiens eux-mêmes regardaient cette manœuvre comme la principale cause de leur défaite. Au commencement de la bataille, ils l'avaient redoutée; mais quand ils s'aperçurent que toutes les divisions du 1er corps s'étaient jetées dans la montagne, ils ne doutèrent plus de la victoire, et ce fut par un excès de précaution qu'ils appelèrent quelques bataillons du corps de Clam Gallas, pour servir de réserve aux deux brigades Festetics et Puchner, qui défendaient avec succès toutes les positions de la tour de Solferino.

Leur étonnement fut extrême quand ils virent exécuter cette manœuvre, à laquelle ils ne pensaient plus et qu'ils ne croyaient même plus possible.

L'audace et la rapidité des attaques, qui ne donnaient ni aux vainqueurs ni aux vaincus le temps de se reconnaitre, jetèrent la stupéfaction au centre de l'armée autrichienne. Le jeune empereur d'Autriche en fut indigné. Il ne voyait que le petit nombre des assaillants. Il ne voulut rien entendre sur les forces qui les appuyaient. Il éclata en reproches amers, et, de fureur, il brisa son épée.

. . . .

. . . .

Pendant que l'armée française obtenait de si brillants succès au centre, la bataille se continuait à la droite et à la gauche avec un extrême acharnement. Le général Wimpfen, commandant la 1re armée autrichienne, croyant combattre les deux corps de droite de l'armée française, envoya à l'appui des 3e et 9e corps autrichiens le 11e, qui arrivait de Cerlungo. Vers une heure, ce corps était en ligne, remplaçant les régiments épuisés des 3e et 9e corps. Il forma ses colonnes, fit avancer son artillerie, se couvrit de nombreux tirailleurs et attaqua sur toute la ligne avec une grande intrépidité. Mais c'était surtout vers la Casa Nova que ses colonnes semblaient converger.

Cette ferme, enlevée aux ennemis dans la matinée, avait été crénelée, et deux compagnies de chasseurs y avaient été retranchées. La division Vinoy était chargée de sa défense; mais lorsque les troupes de ce général semblaient devoir succomber sous le nombre des assaillants, le général Niel, qui avait gardé sous sa main, en réserve, les 55e et 76e de ligne, de la division de Failly, lançait sur les flancs des colonnes autrichiennes des bataillons de cette réserve, qui, les abordant à la baïonnette, arrêtaient leurs efforts.

C'est ainsi que le 55e et le 76e de ligne se virent presque anéantis, dans leurs attaques réitérées contre des forces infiniment supérieures.

Sur leur droite, les colonnes autrichiennes étaient foudroyées par les 42 bouches à feu dirigées par le général Soleille; mais celles que notre artillerie ne pouvait atteindre avançaient vers la Casa Nova, lorsqu'elles furent attaquées en flanc et culbutées par un bataillon du 55ᵉ de ligne, qui leur prit une pièce de canon. Des renforts leur étant arrivés au même instant, il s'ensuivit un carnage affreux. Le colonel de Maleville accourut avec son 1ᵉʳ bataillon (c'était la première fois que le 55ᵉ voyait le feu), saisit l'aigle et le porta au milieu des rangs ennemis, où son régiment le suivit. Le colonel fut tué dans cette furieuse mêlée, et les deux officiers qui successivement avaient relevé l'aigle périrent à côté de lui. Le porte-drapeau fut blessé; les chefs de bataillon Tiersonnier et Nicolas furent tués; le lieutenant-colonel fut blessé dangereusement; des compagnies perdirent tous leurs officiers, tués ou blessés; mais l'ennemi fut arrêté et, malgré ses efforts, ne put aller plus loin.

Il en était ainsi sur toute la ligne, depuis la route de Mantoue jusqu'à celle de Ceresara. Pour la cinquième fois Baïte, occupé par des troupes de la division de Failly, était entouré de toutes parts et attaqué avec acharnement; la défense n'en fut que plus meurtrière. Un moment les Autrichiens crurent à un succès complet. Le hameau était en leur pouvoir; ils avaient pénétré dans la ferme par un escalier étroit et obscur, où les plus braves s'étaient précipités, et touchaient déjà au réduit. Ils étaient près d'une mauvaise porte qui les séparait de leurs ennemis, lorsque des coups de feu, tirés à travers ce faible obstacle, tuèrent à bout portant ceux qui conduisaient l'attaque et la firent aussitôt reculer.

Déjà on entendait battre la charge. — Bientôt les Autrichiens furent attaqués avec furie sur tous les points et mis en pleine déroute. Mais, avant de commencer leur retraite, ils avaient allumé l'incendie en plusieurs endroits.

Cet assaut de l'ennemi fut le dernier sur ce point. C'est là que fut tué le colonel Capin, du 53ᵉ de ligne.

La division de Luzy eut aussi à subir les efforts acharnés des Autrichiens pour reprendre Rebecco; quelques succès d'un moment furent suivis de leur complète expulsion de ce village.

Étonné de tant de résistance, de ces attaques incessantes à la baïonnette, ayant d'ailleurs fait donner toutes ses réserves, le général Wimpfen annonçait à l'empereur d'Autriche la nécessité où il était de commencer sa retraite sur le Mincio, quand il reçut l'injonction d'attaquer avec toutes ses troupes réunies.

L'empereur François-Joseph, battu au centre, mais vainqueur à sa droite, voulut tenter un suprême effort sur la gauche, avant d'ordonner la retraite.

Dès lors c'est avec toutes ses forces que le général ennemi va tenter la fortune, et, pour avoir plus de chances de réussir, c'est sur le seul point de la Casa Nova qu'il va concentrer ses efforts désespérés.

Le général Wimpfen recommence ses attaques avec la plus grande énergie ; ses nombreux tirailleurs, soutenus par des masses, avancent et bientôt ils entourent la Casa Nova. Mais en ce moment le général Partouneaux fait charger les 2ᵉ et 7ᵉ hussards. Ces deux régiments, conduits par le général de Clérambault, fondent sur les tirailleurs autrichiens, qu'ils jettent en désordre sur leurs colonnes, et les forcent à une retraite précipitée. Mais ils se rallient et reviennent avec les réserves des 3ᵉ, 9ᵉ et 11ᵉ corps.

Ils s'avancent alors de nouveau, précédés d'une artillerie nombreuse et appuyés sur leur droite par de la cavalerie qui suit la route. Les abords de la Casa Nova sont balayés par une pluie de mitraille et d'obus ; d'innombrables fusées sillonnent les airs et viennent éclater au milieu de nos rangs.

Trois fortes colonnes autrichiennes marchent alors vers la Casa Nova. Nos soldats accablés se rallient derrière la ferme, où deux pièces de canon et deux bataillons, l'un du 52ᵉ, l'autre du 86ᵉ de ligne, envoyés par le général Vinoy, viennent les rejoindre. Ils arrêtent les colonnes ennemies. Mais le prince Windischgraetz, avec son régiment, vient appuyer l'action des troupes autrichiennes, qui arrivent jusqu'à la porte de la Casa Nova et veulent l'enfoncer.

L'imminence du danger électrise tous les combattants.

Dans la Casa Nova, les deux compagnies de chasseurs redoublent leur feu par les créneaux et moissonnent dans les masses ennemies qui les entourent. Les 42 pièces du général Soleille inondent de mitraille et d'obus les colonnes qui sont à leur portée. Le colonel Berthier, du 86ᵉ de ligne, accourt au pas de charge avec deux bataillons de son régiment, et s'élance à la baïonnette contre les assaillants.

C'est alors que le général Labareyre, à la tête de la brigade de lanciers, se précipite sur les Autrichiens, les enveloppe et les refoule sur leurs colonnes, en même temps que le colonel du génie Jourjon, réunissant tous les débris du combat, se jette avec eux au milieu des bataillons autrichiens.

Dans cette mêlée héroïque, au plus fort du carnage, l'ennemi s'arrête, il recule. En vain les chefs redoublent d'efforts pour rallier leurs soldats : le désordre augmente. Le prince Windischgraetz tombe, blessé mortellement; le drapeau de son régiment est pris, le porte-drapeau est tué et les Autrichiens consternés se retirent du champ de bataille, couvert de morts et de blessés, abandonnant 3 pièces de canon entourées de débris d'hommes et de chevaux.

Parmi les morts tombés près de la Casa Nova étaient deux colonels autrichiens et le colonel du génie Jourjon, qui fut vivement regretté.

Tel fut le résultat des dernières attaques des 3ᵉ, 9ᵉ et 11ᵉ corps autrichiens.

Contre de si grandes forces, le 4ᵉ corps devait succomber. Il en fut autrement, grâces au courage, à la confiance, au dévouement sans bornes de nos soldats, à l'intelligence, à l'intrépidité des officiers; mais grâces surtout aux résolutions énergiques du général Niel et de ses lieutenants : ce que Napoléon Iᵉʳ appelait la vraie sagesse des généraux.

La part de la cavalerie fut aussi fort remarquable par l'à-propos et la vigueur des charges des hussards et des lanciers dans les deux circonstances les plus critiques de la journée.

Mais si des deux côtés l'épuisement était à son comble, la fusillade et la canonnade se soutenaient cependant avec une grande vivacité, lorsque, vers trois heures ou trois heures et demie, « le maréchal Canrobert, rassuré sur sa droite, et ayant jugé par lui-même la position du général Niel, fit appuyer la division du général Renault sur Rebecco et donna ordre au général Trochu de porter sa 1re brigade entre Casa Nova et Baïte, sur le point où se dirigeaient les plus redoutables attaques de l'ennemi. Ce renfort de troupes fraîches permit au général Niel de lancer dans la direction de Guidizzolo une partie des divisions de Luzy et de Failly. Cette colonne s'avança jusqu'aux premières maisons du village; mais trouvant devant elle des forces supérieures, établies dans une bonne position, elle fut contrainte de s'arrêter.

« Le général Trochu s'avança alors pour soutenir l'attaque avec la brigade Bataille, de sa division. Il marcha à l'ennemi par bataillons serrés, en échiquier, l'aile droite en avant, avec autant d'ordre et de sang-froid que sur un champ de manœuvres. Il enleva à l'ennemi une compagnie d'infanterie et deux pièces de canon, et déjà il était arrivé à demi-distance de la Casa Nova à Guidizzolo, lorsque éclata l'orage qui vint mettre fin à cette terrible lutte, que le concours du 3e et du 4e corps menaçait de rendre si funeste à l'ennemi.

« Au milieu des péripéties de ce combat de douze heures, la cavalerie a été d'un puissant secours pour arrêter les efforts de l'ennemi du côté de la Casa Nova. A plusieurs reprises, les divisions Partouneaux et Desvaux ont chargé l'infanterie autrichienne et rompu ses carrés. Mais c'est surtout notre nouvelle artillerie qui produisit sur l'ennemi les effets les plus terribles. Ses coups allaient l'atteindre à des distances d'où les plus gros calibres étaient impuissants à riposter, et jonchaient la plaine de cadavres.

« Le 4e corps a enlevé aux Autrichiens 1 drapeau, 7 pièces de canon et 2,000 prisonniers.

« De son côté, l'armée du roi, placée à notre extrême gauche, avait eu également sa rude et belle journée.

« Elle s'avançait, forte de quatre divisions, dans la direction de Peschiera, de Pozzolengo et de Madona della Scoperta, lorsque, vers sept heures du matin, son avant-garde rencontra les avant-postes ennemis entre San Martino et Pozzolengo.

« Le combat s'engagea; mais de gros renforts autrichiens accoururent, firent reculer les Piémontais jusqu'en arrière de San Martino, et menacèrent même de couper leur ligne de retraite. Une brigade de la division Mollard arriva alors en toute hâte sur le lieu du combat et monta à l'assaut des hauteurs où l'ennemi venait de s'établir. Deux fois elle en atteignit le sommet, en s'emparant de plusieurs pièces de canon ; mais deux fois aussi elle dut céder au nombre et abandonner sa conquête.

« L'ennemi gagnait du terrain, malgré quelques charges brillantes de la cavalerie du roi, quand la division Cucchiari, débouchant sur le champ de bataille par la route de Rivoltella, vint soutenir le général Mollard. Les troupes sardes s'élancèrent une troisième fois sous un feu meurtrier ; l'église et les cassines de la droite furent emportées, et 8 pièces de canon furent enlevées ; mais l'ennemi parvint encore à les dégager et à reprendre ses positions.

« En ce moment la 2ᵉ brigade du général Cucchiari, qui s'était formée en colonne d'attaque, à gauche de la route de Lugana, marcha contre l'église San Martino, regagna le terrain perdu, et emporta les hauteurs pour la quatrième fois, sans réussir cependant à s'y maintenir ; car, écrasée par la mitraille, et placée en face d'un ennemi qui, renforcé sans cesse, revenait sans cesse à la charge, elle ne put attendre le secours que lui apportait la 2ᵉ brigade de la division Mollard, et les Piémontais, épuisés, firent retraite en bon ordre, sur la route de Rivoltella.

« C'est alors que la brigade d'Aoste, de la division Fanti, qui s'était portée d'abord vers Solferino pour donner la main au maréchal Baraguay-d'Hilliers, fut envoyée par le roi pour appuyer les généraux Mollard et Cucchiari dans l'attaque de San Martino. Elle fut un moment arrêtée par la tempête ; mais, vers cinq heures du soir, cette brigade et la brigade Pignerol, soutenues par une forte artillerie, marchèrent à l'ennemi sous un feu terrible et atteignirent les hauteurs. Elles s'en emparèrent pied à pied, cassine par cassine, et parvinrent à s'y maintenir en combattant avec acharnement. L'ennemi commença à plier, et l'artillerie piémontaise, gagnant les crêtes, put bientôt les couronner de 24 pièces de canon que les Autrichiens cherchèrent vainement à enlever : deux brillantes charges de la cavalerie du roi les dispersèrent ; la mitraille porta le désordre dans leurs rangs, et les troupes sardes restèrent enfin maîtresses des formidables positions que l'ennemi avait défendues une journée entière avec tant d'acharnement.

« D'un autre côté, la division Durando était restée aux prises avec les Autrichiens, depuis cinq heures et demie du matin. A cette heure, son avant-garde avait rencontré l'ennemi à Madona della Scoperta, et les troupes sardes y avaient soutenu jusqu'à midi les efforts d'un ennemi supérieur en nombre qui les avait enfin obligées à se replier ; mais, renforcées alors par la brigade de Savoie, elles reprirent l'offensive, et, repoussant les Autrichiens à leur tour, elles s'emparèrent de Madona della Scoperta. Après ce premier succès, le général de la Marmora dirigea la division Durando vers San Martino, où elle ne put arriver à temps pour concourir à la prise de la position, car elle rencontra sur la route une colonne autrichienne avec laquelle elle eut à lutter pour s'ouvrir un passage, et quand elle eut triomphé de cet obstacle, le village de San Martino était au pouvoir des Piémontais. Le général de la Marmora avait dirigé, d'autre part, la brigade de Piémont de la division Fanti sur Pozzolengo.

« Cette brigade enleva avec une grande vigueur les positions de l'ennemi en avant du village, et, s'étant rendue maîtresse de Pozzolengo après une vive attaque, elle repoussa les Autrichiens et les poursuivit jusqu'à une certaine distance, en leur faisant essuyer de grandes pertes.

« Celles de l'armée sarde furent malheureusement très-considérables et ne s'élevèrent pas à moins de 49 officiers tués, 167 blessés, 642 sous-officiers et soldats tués, 3,405 blessés, 1,238 hommes disparus ; total : 5,501 manquant à l'appel. 5 pièces de canon étaient restées aux mains de l'armée du roi, comme trophée de cette sanglante, victoire qu'elle avait remportée contre un ennemi supérieur en nombre, dont les forces paraissent n'avoir pas été moindres de 12 brigades.

« Les pertes de l'armée française se sont élevées au nombre de 12,000 hommes de troupe tués ou blessés et de 720 officiers hors de combat, dont 150 tués. Parmi les blessés on compte les généraux de Ladmirault, Forey, Auger, Dieu et Douay. 7 colonels et 6 lieutenants-colonels ont été tués.

« Quant aux pertes de l'armée autrichienne, elles n'ont pu être estimées encore ; mais elles ont dû être considérables, à en juger par le nombre des morts et des blessés qu'ils ont abandonnés sur toute l'étendue d'un champ de bataille qui n'avait pas moins de cinq lieues de front. Ils ont laissé dans nos mains 30 pièces de canon, un grand nombre de caissons, 4 drapeaux et 6,000 prisonniers.

« La résistance que l'ennemi a opposée à nos troupes, pendant seize heures, peut s'expliquer par l'avantage que lui donnaient la supériorité du nombre et les positions inexpugnables qu'il occupait. Pour la première fois, d'ailleurs, les troupes autrichiennes combattaient sous les yeux de leur souverain, et la présence des deux empereurs et du roi, en rendant la lutte plus acharnée, devait la rendre aussi plus décisive.

« L'empereur Napoléon n'a pas cessé un seul instant de diriger l'action, en se portant sur tous les points où ses troupes avaient à déployer les plus grands efforts et à triompher des obstacles les plus difficiles. A diverses reprises, les projectiles de l'ennemi ont frappé dans les rangs de l'état-major et de l'escorte qui suivaient Sa Majesté (1).

« A neuf heures du soir, on entendait encore, dans le lointain, le bruit du canon qui précipitait la retraite de l'ennemi, et nos troupes allumaient les feux du bivouac sur le champ de bataille qu'elles avaient si glorieusement conquis.

« Le fruit de cette victoire est l'abandon par l'ennemi de toutes les positions qu'il avait préparées sur la rive droite du Mincio pour en disputer les approches. D'après les renseignements reçus,

---

(1) Le cent-garde Dugué, de l'escorte de l'Empereur, reçut à la tête un coup de feu qui eût été mortel s'il n'eût été amorti par la visière du casque.

Le cheval du baron Larrey reçut dans le poitrail une blessure d'où le sang jaillit avec abondance.

Le cheval d'un autre cavalier de l'escorte, celui du cent-garde Vinclerc, fut atteint d'une balle qui ne fut extraite qu'après le retour à Paris.

l'armée autrichienne, découragée, semblerait même renoncer à défendre le passage de la rivière, et se retirerait sur Vérone. »

Nous ne pouvons mieux terminer cette notice qu'en citant la proclamation suivante que l'empereur Napoléon adressait à son armée le 25 juin, de son quartier général de Cavriana :

« Soldats,

« L'ennemi croyait nous surprendre et nous rejeter au delà de la Chièse ; — c'est lui qui a repassé le Mincio. Vous avez dignement soutenu l'honneur de la France, et la bataille de Solferino égale et dépasse même les souvenirs de Lonato et de Castiglione.

« Pendant douze heures, vous avez repoussé les efforts désespérés de plus de 150,000 hommes. Ni la nombreuse artillerie de l'ennemi, ni les positions formidables qu'il occupait, sur une profondeur de trois lieues, ni la chaleur accablante n'ont arrêté votre élan.

« La patrie reconnaissante vous remercie, par ma bouche, de tant de persévérance et de courage ; mais elle pleure ceux qui sont morts au champ d'honneur.

« Nous avons pris 2 drapeaux, 30 canons et 6,000 prisonniers.

« L'armée sarde a lutté avec la même bravoure contre des forces supérieures. Elle est bien digne de marcher à vos côtés. Soldats, tant de sang versé ne sera pas inutile pour la gloire de la France et pour le bonheur des peuples.

« NAPOLÉON. »

FORCE NUMÉRIQUE

DES

ARMÉES BELLIGÉRANTES.

L'armée autrichienne, formée de deux armées, présentait un effectif disponible de 198,035 hommes d'infanterie et de 19,289 chevaux, soit un ensemble de 217,324 combattants. Sur cette masse, 146,635 hommes d'infanterie et 16,489 chevaux, c'est-à-dire 163,124 combattants prirent part à la bataille du 24 juin.

Les armées française et sarde réunies comptaient, de leur côté, 173,603 hommes d'infanterie et 14,353 chevaux disponibles, soit un ensemble de 187,956 combattants. Sur ce nombre, 124,472 hommes d'infanterie et 10,762 chevaux, c'est-à-dire 135,234 combattants étaient présents à la même bataille; mais sur cet effectif de 135,234, trois brigades (ensemble 11,809 combattants) n'y prirent aucune part, ce qui réduit à 123,425 le nombre de ces combattants, du côté de l'armée alliée.

TABLEAU
DES PERTES DES ARMÉES BELLIGÉRANTES
A LA JOURNÉE DU 24 JUIN.

AUTRICHIENS.				ALLIÉS.			
CORPS.	Tués.	Blessés.	Disparus.	CORPS.	Tués.	Blessés.	Disparus.
				Garde impériale....	181	704	63
				1er corps..........	610	3,162	659
				2e corps..........	234	986	275
				3e corps..........	37	257	19
1re armée........	2,386	10,634	9,290	4e corps..........	560	3,421	502
2e armée........							
				Totaux de l'armée française.	1,622	8,530	1,518
				Totaux de l'armée du Roi...	691	3,572	1,258
				Totaux de l'armée alliée....	2,313	12,102	2,776
Totaux.....	2,386	10,634	9,290				
Total général...	22,310			Total......	17,191		

OFFICIERS MIS HORS DE COMBAT DANS LES DEUX ARMÉES.

Autrichiens........	587 officiers dont	94 tués.
Sardes............	216	— 49 —
Français..........	661	— 117 —

Cet état est extrait de la *Gazette militaire autrichienne*, nº 2 (2 juillet 1859) et nº 53 (6 juillet 1859).

Quatre généraux autrichiens furent blessés : les feld-maréchaux-lieutenants comte de Crenneville, baron de Blomberg, comte Palffy et le général-major baron de Baltin.

Deux généraux sardes blessés : les généraux-majors Danesi et Arnoldi; ce dernier, mort plus tard des suites de sa blessure.

Cinq généraux français blessés : les généraux de division de Ladmirault et Forey, les généraux de brigade Douay (C.), Dieu et Auger; ces deux derniers morts plus tard des suites de leurs blessures.

Sept colonels furent tués : les colonels Jourjon, chef d'état-major du génie du 4e corps; Laure, du régiment des tirailleurs indigènes; Lacroix, du 30e de ligne; Broutta, du 43e; Capin, du 53e; Maleville, du 55e, et Douay (G.-P.), du 70e de ligne.

N'avaient pas pris part au combat :

Autrichiens .	2e corps.........	18,000 hommes.	1,400 chevaux.
	6e corps	11,400 —	1,400 —
	10e corps........	22,000 —	1,600 —
	Totaux.......	51,400 —	4,400 —
Toscans....	Division Ulloa.....	8,415 hommes.	486 chevaux.
Sardes	Garibaldi	3,120 —	50 —
	Cialdini	10,927 —	400
Français....	3e corps (3 brigades)	11,809 —	»
	5e corps	21,060 —	1,044 —
	1er régiment étranger	865 —	»
	33e de ligne.......	1,350 —	»
	Totaux........	57,546 —	1,980 —

Le soir même du 24, l'armée alliée campa sur le champ de bataille qu'elle venait de conquérir, savoir :

L'armée du roi à San Martino;

Le 1er corps français à Solferino ;
Le 2e   id.   à Cavriana ;
Le 3e   id.   à Rebecco ;
Le 4e   id.   à Médole et Guidizzolo ;
La garde et le quartier général à Cavriana ;

Les divisions de cavalerie Desvaux et Partouneaux, autour de Guidizzolo, et la division Morris, avec la garde, à Cavriana.

BULLETIN OFFICIEL

DE LA

BATAILLE DE SOLFERINO

————— ◆◆◆ —————

Quartier général de Cavriana, 28 juin 1859.

Après la bataille de Magenta et le combat de Melegnano, l'ennemi avait précipité sa retraite sur le Mincio en abandonnant l'une
après l'autre les lignes de l'Adda, de l'Oglio et de la Chièse. On
devait croire qu'il allait concentrer toute sa résistance derrière le
Mincio, et il importait que l'armée alliée occupât le plus tôt possible les points principaux des hauteurs qui s'étendent de Lonato
jusqu'à Volta, et qui forment au sud du lac de Garde une agglo-
mération de mamelons escarpés. Les derniers rapports reçus par

l'Empereur indiquaient, en effet, que l'ennemi avait abandonné ces hauteurs et s'était retiré derrière le fleuve.

D'après l'ordre général donné par l'Empereur le 23 juin au soir, l'armée du roi devait se porter sur Pozzolengo ; le maréchal Baraguay-d'Hilliers sur Solferino ; le maréchal duc de Magenta sur Cavriana ; le maréchal Niel sur Guidizzolo, et le maréchal Canrobert sur Médole. La garde impériale devait se diriger sur Castiglione, et les deux divisions de cavalerie de la ligne devaient se porter dans la plaine entre Solferino et Médole. Il avait été décidé que les mouvements commenceraient à deux heures du matin, afin d'éviter l'excessive chaleur du jour.

Cependant, dans la journée du 23, plusieurs détachements ennemis s'étaient montrés sur différents points et l'Empereur en avait reçu avis ; mais comme les Autrichiens ont l'habitude de multiplier les reconnaissances, Sa Majesté ne vit dans ces démonstrations qu'un exemple de plus du soin et de l'habileté qu'ils mettent à s'éclairer et à se garder.

Le 24 juin, dès cinq heures du matin, l'Empereur, étant à Monte Chiarre, entendit le bruit du canon dans la plaine et se dirigea en toute hâte vers Castiglione, où devait se réunir la garde impériale.

Pendant la nuit, l'armée autrichienne, qui s'était décidée à prendre l'offensive, avait passé le Mincio à Goïto, Valegio, Monzambano et Peschiera, et elle occupait de nouveau les positions qu'elle venait tout récemment d'abandonner. C'était le résultat du plan dont l'ennemi avait poursuivi l'exécution depuis Magenta, en se retirant successivement de Plaisance, de Pizzighettone, de Crémone, d'Ancône, de Bologne et de Ferrare ; en évacuant, en un mot, toutes les positions, pour accumuler ses forces sur le Mincio. Il avait, en outre, accru son armée de la plus grande partie des troupes composant les garnisons de Vérone, de Mantoue et de Peschiera ; et c'est ainsi qu'il avait pu réunir neuf corps d'armée, forts ensemble de 250 à 270,000 hommes, qui s'avançaient vers la Chièse, en couvrant la plaine et les hauteurs. Cette force immense paraissait s'être partagée en deux armées; celle de droite, d'après les notes trouvées, après la bataille, sur un officier autrichien, devait s'emparer de Lonato et de Castiglione; celle de gauche devait se porter sur Monte Chiarre. Les Autrichiens croyaient que toute notre armée n'avait pas encore passé la Chièse, et leur intention était de nous rejeter sur la rive droite de cette rivière.

Les deux armées, en marche l'une contre l'autre, se rencontrèrent donc inopinément. A peine les maréchaux Baraguay-d'Hilliers et de Mac-Mahon avaient-ils dépassé Castiglione, qu'ils se trouvèrent en présence de forces considérables qui leur disputèrent le terrain. Au même instant, le général Niel se heurtait contre l'ennemi à la hauteur de Médole. L'armée du Roi, en route pour Pozzolengo, rencontrait de même les Autrichiens en avant de Rivoltella, et, de son côté, le maréchal Canrobert trouvait le village de Castel Goffredo occupé par la cavalerie ennemie.

Tous les corps de l'armée alliée étant alors en marche, à une assez grande distance les uns des autres, l'Empereur se préoccupa tout d'abord de les relier, afin qu'ils pussent se soutenir mutuellement. A cet effet, Sa Majesté se porta immédiatement auprès du maréchal duc de Magenta, qui était à droite dans la plaine et qui s'était déployé perpendiculairement à la route qui va de Castiglione à Goïto. Comme le général Niel ne paraissait pas encore, Sa Majesté fit hâter la marche de la cavalerie de la garde impériale et la mit sous les ordres du duc de Magenta, comme réserve, pour opérer dans la plaine, sur la droite du 2e corps. L'Empereur envoya en même temps au maréchal Canrobert l'ordre d'appuyer le général Niel autant que possible, tout en lui recommandant de se garder à droite contre un corps autrichien qui, d'après les avis donnés à Sa Majesté, devait se porter de Mantoue sur Azzola.

Ces dispositions prises, l'Empereur se rendit sur les hauteurs, au centre de la ligne de bataille, où le maréchal Baraguay-d'Hilliers, trop éloigné de l'armée sarde pour pouvoir se relier avec elle, avait à lutter, dans un terrain des plus difficiles, contre des troupes qui se renouvelaient sans cesse.

Le maréchal était néanmoins arrivé jusqu'au pied de la colline abrupte au sommet de laquelle est bâti le village de Solferino, que défendaient des forces considérables, retranchées dans un vieux château et dans un grand cimetière, entourés l'un et l'autre de murs épais et crénelés. Le maréchal avait déjà perdu beaucoup de monde, et avait dû payer plus d'une fois de sa personne en portant lui-même en avant les troupes des divisions Bazaine et Ladmirault. Exténuées de fatigue et de chaleur, et exposées à une vive fusillade, ces troupes ne gagnaient du terrain qu'avec beaucoup de difficulté. En ce moment l'Empereur donna l'ordre à la division Forey de s'avancer, une brigade du côté de la plaine, l'autre sur la hauteur, contre le village de Solferino, et la fit soutenir par la division Camou, des voltigeurs de la garde. Il fit marcher avec ces troupes l'artillerie de la garde, qui, sous la conduite du général de Sévelinges et du général Lebœuf, alla prendre position à découvert à trois cents mètres de l'ennemi. Cette manœuvre décida du succès au centre. Pendant que la division Forey s'emparait du cimetière, et que le général Bazaine lançait ses troupes dans le village, les voltigeurs et les chasseurs de la garde impériale grimpaient jusqu'au pied de la tour qui domine le château et s'en emparaient. Les mamelons des collines qui avoisinent Solferino étaient successivement enlevés, et, à trois heures et demie, les Autrichiens évacuaient la position sous le feu de notre artillerie couronnant les crêtes, et laissaient entre nos mains 1,500 prisonniers, 14 canons et 2 drapeaux. La part de la garde impériale dans ce glorieux trophée était de 13 canons et un drapeau.

Pendant cette lutte, et au plus fort du feu, quatre colonnes autrichiennes, s'avançant entre l'armée du roi et le corps du maréchal Baraguay-d'Hilliers, avaient cherché à tourner la droite des Piémontais. Six pièces d'artillerie, habilement dirigées par le général Forgeot, avaient ouvert un feu très-vif sur le flanc de ces colonnes et les avaient forcées à rebrousser chemin en désordre.

Tandis que le corps du maréchal Baraguay-d'Hilliers soutenait la lutte à Solferino, le corps du duc de Magenta s'était déployé dans la plaine de Guidizzolo, en avant de la ferme Casa Marino, et sa ligne de bataille, coupant la route de Mantoue, se dirigeait sur Médole. A neuf heures du matin, il fut attaqué par une forte colonne autrichienne, précédée d'une nombreuse artillerie qui vint se mettre en batterie à mille ou douze cents mètres en avant de notre front. L'artillerie des deux premières divisions du 2e corps, s'avançant immédiatement sur la ligne des tirailleurs, ouvrit un feu très-vif contre le front des Autrichiens, et, dans le même instant, les batteries à cheval des divisions Desvaux et Partouneaux, se portant rapidement sur la droite, prirent d'écharpe les canons ennemis, qui furent ainsi réduits au silence et bientôt forcés à se reporter en arrière. Immédiatement après, les divisions Desvaux et Partouneaux, chargèrent les Autrichiens et leur firent 600 prisonniers.

Cependant une colonne de deux régiments de cavalerie autrichienne avait cherché à tourner la gauche du 2e corps, et le duc de Magenta avait dirigé contre elle six escadrons de chasseurs. Trois charges heureuses de notre cavalerie repoussèrent celle de l'ennemi, qui laissa dans nos mains bon nombre d'hommes et de chevaux.

A deux heures et demie, le duc de Magenta prit l'offensive à son tour, et donna au général de La Motterouge l'ordre de se porter sur sa gauche, du côté de Solferino, pour enlever San Cassiano et les autres positions occupées par l'ennemi.

Le village fut tourné de deux côtés et emporté avec une vigueur irrésistible par les tirailleurs algériens et par le 45e. Les tirailleurs furent lancés aussitôt sur le contre-fort principal qui relie Cavriana à San Cassiano, et qui était défendu par des forces considérables. Un premier mamelon, couronné par une espèce de redoute, tomba rapidement au pouvoir des tirailleurs ; mais l'ennemi, par un vigoureux retour offensif, parvint à les en déloger. Ils s'en emparèrent de nouveau avec l'aide du 45ᵉ et du 72ᵉ, et en furent repoussés une fois encore. Pour soutenir cette attaque, le général de La Motterouge dut faire marcher sa brigade de réserve, et le duc de Magenta fit avancer son corps tout entier.

En même temps l'Empereur donnait l'ordre à la brigade Manèque, des voltigeurs de la garde, appuyée par les grenadiers du général Mellinet, de se porter de Solferino contre Cavriana.

L'ennemi ne put résister plus longtemps à cette double attaque soutenue par le feu de l'artillerie de la garde, et, vers cinq heures du soir, les voltigeurs et les tirailleurs algériens entraient en même temps dans le village de Cavriana.

En ce moment une effroyable tempête, qui éclata sur les deux armées, obscurcit le ciel et suspendit la lutte ; mais dès que l'orage eut cessé, nos troupes reprirent l'œuvre commencée et chassèrent l'ennemi de toutes les hauteurs qui dominent le village. Bientôt après, le feu de l'artillerie de la garde changeait la retraite des Autrichiens en une fuite précipitée.

Pendant cette affaire, les chasseurs à cheval de la garde, qui flanquaient la droite du duc de Magenta, eurent à charger la cavalerie autrichienne qui menaçait de le tourner.

A six heures et demie, l'ennemi battait en retraite dans toutes les directions.

Mais bien que la bataille fût gagnée au centre, où nos troupes n'avaient pas cessé de faire des progrès, la droite et la gauche restaient encore en arrière. Cependant les troupes du 4ᵉ corps avaient pris, elles aussi, une large et glorieuse part à la bataille de Solferino.

Parties de Carpenedolo à trois heures du matin, elle se dirigeaient sur Médole, appuyées par la cavalerie des divisions Desvaux et Partouneaux, lorsque, à deux kilomètres en avant de Médole, les escadrons de chasseurs qui éclairaient la marche du corps rencontrèrent les uhlans. Ils les chargèrent avec impétuosité, mais ils furent arrêtés par l'infanterie et l'artillerie ennemies qui défendaient le village. Le général de Luzy prit aussitôt ses dispositions d'attaque. Pendant qu'il faisait tourner Médole à droite et à gauche par deux colonnes, il s'avançait lui-même de front, précédé par son artillerie qui canonnait le village. Cette attaque, exécutée avec une grande vigueur, eut un plein succès : à sept heures, l'ennemi se retirait de Médole, et nous lui avions enlevé deux canons et fait bon nombre de prisonniers.

La division Vinoy, qui suivait la division de Luzy, se porta, au sortir de Médole, dans la direction d'une maison isolée, nommée Casa Nova, qui est située dans la plaine, sur la route de Mantoue, à deux kilomètres de Guidizzolo. L'ennemi se trouvait en forces considérables de ce côté, et un combat acharné s'y engagea, pendant que la division de Luzy marchait vers Ceresara d'une part, et vers Rebecco de l'autre.

En ce moment l'ennemi tenta de tourner la gauche de la division Vinoy par l'intervalle que faisaient entre eux le 2ᵉ et le 4ᵉ corps; il s'approcha jusqu'à deux cents mètres du front de nos troupes, mais il fut arrêté par le feu de quarante-deux pièces d'artillerie dirigées par le général Soleille. Le canon de l'ennemi vint aussitôt prendre part à la lutte et la soutint pendant une grande partie de la journée, bien qu'avec une infériorité manifeste.

La division de Failly arriva à son tour, et le général Niel, réservant la seconde brigade de cette division, porta la première entre Casa Nova et Rebecco, vers le hameau de Baïte, pour relier le général de Luzy au général Vinoy. Le but du général Niel était de se porter vers Guidizzolo dès que le duc de Magenta se serait emparé de Cavriana, et il espérait couper ainsi à l'ennemi la route de Volta et de Goïto; mais il fallait, pour exécuter ce plan, que les troupes du corps du maréchal Canrobert vinssent remplacer à Rebecco celles du général de Luzy.

Le 3ᵉ corps, parti de Mezzane à deux heures et demie du matin, avait passé la Chièse à Viseno et était arrivé à sept heures à Castel Goffredo, petite ville enceinte de murs, que la cavalerie de l'ennemi occupait encore. Tandis que le général Jannin tournait la position au sud, le général Renault l'abordait de front, faisait enfoncer la porte par les sapeurs du génie, et pénétrait dans la ville en chassant devant lui les cavaliers ennemis.

Vers neuf heures du matin, la division Renault, arrivée à hauteur de Médole, se reliait sur sa gauche avec le général de Luzy, du côté de Ceresara, et sur sa droite faisait face à Castel Goffredo, de manière à surveiller les mouvements du corps détaché dont le départ de Mantoue avait été annoncé.

Cette appréhension paralysa, pendant la plus grande partie du jour, le corps d'armée du maréchal Canrobert, qui ne jugea pas prudent de prêter tout d'abord au 4e corps l'appui que lui demandait le général Niel. Néanmoins, vers les trois heures de l'après-midi, rassuré sur sa droite, et ayant jugé par lui-même la position du général Niel, le maréchal Canrobert fit appuyer la division Renault sur Rebecco, et donna ordre au général Trochu de porter sa première brigade entre Casa Nova et Baïte, sur le point où se dirigeaient les plus redoutables attaques de l'ennemi.

Ce renfort de troupes fraîches permit au général Niel de lancer dans la direction de Guidizzolo une partie des divisions de Luzy et de Failly. Cette colonne s'avança jusqu'aux premières maisons du village; mais, trouvant devant elle des forces supérieures établies dans une bonne position, elle fut contrainte de s'arrêter.

Le général Trochu s'avança alors pour soutenir l'attaque avec la brigade Bataille, de sa division. Il marcha à l'ennemi par bataillons serrés, en échiquier, l'aile droite en avant, avec autant d'ordre et de sang-froid que sur un champ de manœuvres. Il enleva à l'ennemi une compagnie d'infanterie et deux pièces de canon, et déjà il était arrivé à demi-distance de la Casa Nova à Guidizzolo, lorsque éclata l'orage qui vint mettre fin à cette terrible lutte, que le concours du 3e et du 4e corps menaçait de rendre si funeste à l'ennemi.

Au milieu des péripéties de ce combat de douze heures, la cavalerie a été d'un puissant secours pour arrêter les efforts de l'ennemi du côté de la Casa Nova. A plusieurs reprises, les divisions Partouneaux et Desvaux ont chargé l'infanterie autrichienne et rompu ses carrés. Mais c'est surtout notre nouvelle artillerie qui produisit sur l'ennemi les effets les plus terribles. Ses coups allaient l'atteindre à des distances d'où les plus gros calibres étaient impuissants à riposter, et jonchaient la plaine de cadavres.

Le 4ᵉ corps a enlevé aux Autrichiens un drapeau, sept pièces de canon et 2,000 prisonniers.

De son côté, l'armée du roi, placée à notre extrême gauche, avait eu également sa rude et belle journée.

Elle s'avançait, forte de quatre divisions, dans la direction de Peschiera, de Pozzolengo et de Madona della Scoperta, lorsque, vers sept heures du matin, son avant-garde rencontra les avant-postes ennemis entre San Martino et Pozzolengo.

Le combat s'engagea ; mais de grands renforts autrichiens accoururent et firent reculer les Piémontais jusqu'en arrière de San Martino, et menacèrent même de couper leur ligne de retraite. Une brigade de la division Mollard arriva alors en toute hâte sur le lieu du combat, et monta à l'assaut des hauteurs où l'ennemi venait de s'établir. Deux fois elle en atteignit le sommet en s'emparant de plusieurs pièces de canon ; mais deux fois aussi elle dut céder au nombre et abandonner sa conquête.

L'ennemi gagnait du terrain, malgré quelques charges brillantes de la cavalerie du roi, quand la division Cucchiari, débouchant sur le champ de bataille par la route de Rivoltella, vint soutenir le général Mollard. Les troupes sardes s'élancèrent une troisième fois sous un feu meurtrier : l'église et les cassines de la droite furent emportées, et huit pièces de canon furent enlevées ; mais l'ennemi parvint encore à les dégager et à reprendre ses positions.

En ce moment, la deuxième brigade du général Cucchiari, qui s'était formée en colonne d'attaque à gauche de la route de Lugana, marcha contre l'église San Martino, regagna le terrain perdu et emporta les hauteurs pour la quatrième fois, sans réussir cependant à s'y maintenir ; car, écrasée par la mitraille et placée en face d'un ennemi qui, renforcé sans cesse, revenait sans cesse à la charge, elle ne put attendre le secours que lui apportait la deuxième brigade du général Mollard, et les Piémontais, épuisés, firent retraite en bon ordre sur la route de Rivoltella.

C'est alors que la brigade d'Aoste, de la division Fanti, qui s'était portée d'abord vers Solferino pour donner la main au maréchal Baraguay-d'Hilliers, fut envoyée par le roi pour appuyer les généraux Mollard et Cucchiari dans l'attaque de San Martino. Elle fut un moment arrêtée par la tempête ; mais, vers cinq heures du soir, cette brigade et la brigade Pignerol, soutenues par une forte artillerie, marchèrent à l'ennemi sous un feu terrible et atteignirent les hauteurs. Elles s'en emparèrent pied à pied, cassine par cassine et parvinrent à s'y maintenir en combattant avec acharnement. L'ennemi commença à plier, et l'artillerie piémontaise, gagnant les crêtes, put bientôt les couronner de vingt-quatre pièces de canon que les Autrichiens cherchèrent vainement à enlever : deux brillantes charges de la cavalerie du roi les dispersèrent ; la mitraille porta le désordre dans leurs rangs, et les troupes sardes restèrent enfin maîtresses des formidables positions que l'ennemi avait défendues une journée entière avec tant d'acharnement.

D'un autre côté, la division Durando était restée aux prises avec les Autrichiens depuis cinq heures et demie du matin. A cette heure, son avant-garde avait rencontré l'ennemi à Madona della Scoperta, et les troupes sardes y avaient soutenu jusqu'à midi les efforts d'un ennemi supérieur en nombre qui les avait enfin obligées à se replier ; mais, renforcées alors par la brigade de Savoie, elles reprirent l'offensive, et, repoussant les Autrichiens à leur tour, elles s'emparèrent de Madona della Scoperta. Après ce premier succès, le général de la Marmora dirigea la division Durando vers San Martino, où elle ne put arriver à temps pour concourir à la prise de la position, car elle rencontra sur la route une colonne autrichienne avec laquelle elle eut à lutter pour s'ouvrir passage, et quand elle eut triomphé de cet obstacle, le village de San Martino était au pouvoir des Piémontais. Le général de la Marmora avait dirigé, d'autre part, la brigade de Piémont de la division Fanti vers Pozzolengo. Cette brigade enleva avec une grande vigueur les positions de l'ennemi en avant du village, et, s'étant rendue maîtresse de Pozzolengo après une vive attaque, elle repoussa les Autrichiens et les poursuivit jusqu'à une certaine distance, en leur faisant essuyer de grandes pertes.

Celles de l'armée sarde furent malheureusement très-considérables et ne s'élevèrent pas à moins de 49 officiers tués, 167 blessés, 642 sous-officiers et soldats tués, 3,405 blessés, 1,238 hommes disparus ; total : 5,501 manquant à l'appel. Cinq pièces de canon étaient restées aux mains de l'armée du roi, comme trophée de cette sanglante victoire qu'elle avait remportée contre un ennemi supérieur en nombre, dont les forces paraissent n'avoir pas été moindres de 12 brigades.

Les pertes de l'armée française se sont élevées au chiffre de 12,000 hommes de troupe tués ou blessés, de 720 officiers hors de combat, dont 150 tués. Parmi les blessés on compte les généraux de Ladmirault, Forey, Auger, Dieu et Douay ; 7 colonels et 6 lieutenants-colonels ont été tués.

Quant aux pertes de l'armée autrichienne, elles n'ont pu être estimées encore ; mais elles ont dû être très-considérables, à en juger par le nombre des morts et des blessés qu'ils ont abandonnés sur toute l'étendue d'un champ de bataille qui n'a pas moins de cinq lieues de front. Ils ont laissé dans nos mains 30 pièces de canon, un grand nombre de caissons, 4 drapeaux et 6,000 prisonniers.

La résistance que l'ennemi a opposée à nos troupes pendant seize heures peut s'expliquer par l'avantage que lui donnaient la supériorité du nombre et les positions presque inexpugnables qu'il occupait.

Pour la première fois, d'ailleurs, les troupes autrichiennes combattaient sous les yeux de leur souverain, et la présence des deux empereurs et du roi, en rendant la lutte plus acharnée, devait la rendre aussi plus décisive.

L'Empereur Napoléon n'a pas cessé un seul instant de diriger l'action, en se portant sur tout les points où ses troupes avaient à déployer les plus grands efforts et à triompher des obstacles les plus difficiles. A diverses reprises, les projectiles de l'ennemi ont frappé dans les rangs de l'état-major et de l'escorte qui suivaient Sa Majesté.

A neuf heures du soir, on entendait encore dans le lointain le bruit du canon qui précipitait la retraite de l'ennemi, et nos troupes allumaient les feux du bivouac sur le champ de bataille qu'elles avaient si glorieusement conquis.

Le fruit de cette victoire est l'abandon par l'ennemi de toutes les positions qu'il avait préparées sur la rive droite du Mincio pour en disputer les approches. D'après les renseignements reçus, l'armée autrichienne, découragée, semblerait même renoncer à défendre le passage de la rivière et se retirerait sur Vérone.

EXPLICATION

DU PANORAMA. [1]

Nous sommes sur le mont Alto, au centre de l'armée ennemie, commandée par l'empereur d'Autriche, le 24 juin 1859.

Deux armées la composaient : l'une, sous les ordres du comte Schlik, occupait les hauteurs qui nous entourent, aussi loin que la vue peut s'étendre ; l'autre, commandée par le comte Wimpfen, manœuvrait dans la plaine où elle formait la gauche de la ligne ennemie.

Devant nous est la principale hauteur du champ de bataille ; elle termine la chaîne qui part de Castiglione ; elle est couronnée par le mont des Cyprès, par la tour de Solferino, qui, l'un et l'autre, masquent le vieux château, le cimetière, ainsi que le village de Pozzo Catena, au fond d'un ancien cratère.

De l'autre côté de la montagne est le petit village de San Martino dont on ne voit que l'église, du nom de San Pietro. C'est sur le plateau, et en avant de cette église, que les Autrichiens avaient mis en batterie 8 pièces de position ; ils en avaient autant sur le

---

plateau de la tour, autant sur le mont Alto où nous sommes ; ils en avaient aussi au mont des Cyprès, et croyaient la position imprenable.

Cette chaine de hauteurs fut le théâtre de combats acharnés des trois divisions du 1er corps de l'armée française contre la plus grande partie du corps de Stadion qui les occupait, et cela, depuis 5 heures du matin jusqu'à 3 heures du soir.

Dans la direction de l'église de San Pietro, on voit une partie du lac de Garde, d'où sort le Mincio, entourant les fortifications de Peschiera.

Dans la même direction, la fumée et le feu qui s'élèvent à l'horizon indiquent l'emplacement d'un autre village portant aussi le nom de San Martino, où les divisions piémontaises de Mollard et de Cucchiari ont combattu vaillamment contre le corps de Benedek, augmenté de la brigade Reichlin du 6e corps autrichien.

Plus loin sont : le mont Baldo, la Corona, et la vallée de l'Adige, théâtre, (en 1796) des glorieux combats de l'armée d'Italie contre les armées autrichiennes, bien plus nombreuses, et sans cesse renouvelées, commandées par les généraux de Beaulieu, Wurmser, Alvinzi, et par le prince Charles lui-même.

Nous voilà maintenant en face du village de Solferino, à l'entrée duquel sont les routes de Cavriana et de Valegio, et, à sa sortie, celle qui conduit à Pozzolengo, à la Madonna della Scoperta et à Castel Venzago.

Sur les hauteurs, en arrière de Solferino, est la seconde ligne du corps de Clam Gallas, puis vient une série de hauteurs étagées, appelées Fenil Aliprandi, mont Fillin, Casa del monte, jusqu'à Cavriana où était le quartier général de l'empereur d'Autriche. Plus loin est la Madona della Pieve, où se termina la bataille.

Enfin, à droite, une hauteur isolée, d'un accès difficile (le mont Fontana), formait la limite de la principale armée autrichienne. Cette hauteur, ainsi que San Cassiano, était occupée par le corps de Zobel, et les monts Pellegrino et Forco qui arrivent jusqu'à nous étaient couronnés par les troupes de la 1re ligne du corps de Clam Gallas.

L'autre armée autrichienne (commandée par le comte Wimpfen) s'étendait dans la plaine, depuis San Cassiano, Guidizzolo, Médole et Castel Goffredo, jusqu'à la Chièse et l'Oglio qu'observait, en outre, un corps de la garnison de Mantoue.

Ainsi se trouvait établie l'armée autrichienne réoccupant alors les formidables positions qu'elle avait abandonnées deux jours auparavant, et sur lesquelles se dirigeaient, en cet instant, les différents corps de l'armée alliée, dont il nous reste à expliquer les mouvements.

Cette armée, commandée par l'empereur Napoléon, s'était mise à la poursuite de l'ennemi après la bataille de Magenta, le sanglant combat de Melegnano et la prise de Milan; mais, n'ayant pas trouvé l'armée autrichienne sur les bords de la Chièse, l'Empereur avait fait ses dispositions pour aller la combattre dans le fameux quadrilatère où elle s'était retirée.

Par l'ordre de marche du 23 juin, les 3e et 4e corps, formant la droite de l'armée française, devaient occuper : le 3e, Médole ; le 4e, Guidizzolo, celui-ci appuyé par les divisions de cavalerie Partouneaux et Desvaux.

Au centre, le 1er corps devait prendre position à Solferino, le 2e à Cavriana. A gauche, l'armée piémontaise devait s'établir dans les fortes positions de Pozzolengo.

Ainsi, l'armée alliée eût été concentrée dans un petit espace; mais l'ennemi, en ce moment même, occupait ces positions et bien au delà; aussi à peine était-elle en marche qu'elle se heurtait contre l'armée autrichienne, et la bataille s'engageait aussitôt. Nous commencerons l'explication par la droite de l'armée française:

TROISIÈME CORPS

MARÉCHAL CANROBERT.

Le 3ᵉ corps part de Mezzane à deux heures du matin, il passe la Chièse à Viseno, s'empare de Castel Goffredo, où le maréchal laisse la division Bourbaki, afin d'observer un corps ennemi, sorti la veille de Mantoue, en se dirigeant sur Marcaria et Azzola.

Le maréchal marche avec ses deux autres divisions sur Médole, où il laisse la division Trochu, et conduit ensuite sur la route de Ceresara la division Renault, qu'il établit faisant face à Castel Goffredo, et se reliant par sa gauche avec la division de Luzy, du 4ᵉ corps.

QUATRIÈME CORPS.

GÉNÉRAL NIEL.

Ce corps était parti à 3 heures du matin de Carpenedolo pour Guidizzolo. En approchant de Médole, il trouva cette petite ville fortement occupée par l'ennemi. La division Luzy l'enleva, y prit deux pièces de canon et fit huit à neuf cents prisonniers, puis elle marcha sur Rebecco, dont elle s'empara après un rude combat qui se renouvela plusieurs fois dans cette mémorable journée.

La division Vinois marcha sur la Casa Nova, s'en empara et la mit en état de défense; elle appuya ensuite sur la route de Mantoue, où s'établit la gauche du corps.

Dans le même temps, la division de Failly, formant le centre, tournait Baïte, et, après l'avoir retranché, l'occupait fortement.

Rebecco, Baïte et Casa Nova étaient les principaux points d'appui du 9e corps autrichien. Le 3e corps se joignit à lui pour les reprendre; mais, malgré les combats les plus vifs et les plus meurtriers, ils ne purent parvenir à s'en rendre maîtres.

Les deux divisions de cavalerie Partouneaux et Desvaux, attachées au 4e corps, entraient en ligne, et leur artillerie, jointe aux quarante-deux pièces de ce corps, repoussait vivement les attaques des batteries et de la cavalerie autrichiennes.

Vers une heure de l'après-midi, le 11e corps ennemi, arrivant de Cerlungo, marchait au secours des 3e et 9e corps, afin de terminer cette lutte aussi furieuse qu'opiniâtre.

DEUXIÈME CORPS.

MARÉCHAL MAC-MAHON.

A trois heures du matin, le 2e corps avait quitté Castiglione pour se rendre à Cavriana. Après une heure de marche, son avant-garde avait rencontré l'ennemi en avant de Casa Marino. Ce poste fort important fut bientôt enlevé, et le maréchal Mac-Mahon fit déployer sa ligne à 500 mètres en avant, à cheval sur la route de Mantoue, appuyant ainsi le 4e corps.

Au premier coup de canon de l'ennemi, l'Empereur était accouru de Monte Chiarre; il donna des ordres pour hâter la concentration des corps de l'armée, afin qu'ils pussent se soutenir mutuellement ; il fit accélérer la marche de la cavalerie de la garde, et la mit, comme réserve, sous les ordres du maréchal. L'Empereur courut de là vers le 1er corps, engagé sur des terrains très-difficiles.

Cependant le 2e corps ne tardait pas à être attaqué par des forces considérables, surtout en artillerie et en cavalerie ; il les repoussait vivement, en leur faisant éprouver de grandes pertes.

Vers onze heures, le maréchal, libre de ses mouvements, repliait sa droite par la route de Médole à Pozzo Catena, et portait la division La Motterouge à la gauche de la division Decaen, rapprochant ainsi son corps d'armée de la garde et du 1er corps.

La cavalerie de la garde (général Morris) remplaça la division La Motterouge, en se reliant aux divisions de cavalerie Desvaux et Partouneaux.

PREMIER CORPS.

MARÉCHAL · BARAGUAY-D'HILLIERS

Le 1er corps, parti d'Esenta à deux heures du matin, avait, des premiers, rencontré l'ennemi ; la division Ladmirault à Barche de Castiglione, et la division Forey à Le Fontane, sur la route de Castiglione à Solferino. Ces deux endroits, ainsi que le Grole et le mont Fenile, furent successivement enlevés ; mais ils n'étaient que les postes avancés de la position principale, dont on ne pouvait prévoir toutes les difficultés.

Le 1er corps, en effet, se trouvait en face de la colline abrupte au sommet de laquelle sont la tour de Solferino et le mont des Cyprès, tous les deux armés de canons ; au bas était le village de Pozzo Catena, défendu par des forces considérables.

L'Empereur ayant ordonné l'attaque du mont des Cyprès, la brigade d'Alton, qui n'avait pas encore pris part à l'action, soutenue par quatre pièces de la réserve, marcha résolûment contre cette position; mais, criblés par la mitraille, ses rangs se rompirent, et les soldats s'embusquèrent pour répondre au feu de l'ennemi, en attendant la première occasion de reprendre l'offensive.

A l'extrême gauche, les divisions piémontaises avaient perdu les positions qu'elles avaient, à plusieurs reprises, enlevées à l'ennemi.

Telle était la situation, lorsqu'à la suite de l'insuccès de la brigade d'Alton, l'Empereur fit avancer la division Camou, des voltigeurs de la garde, et ordonna au général Manèque, commandant la 1re brigade de cette division, d'attaquer les positions de l'ennemi.

Trois batteries d'artillerie de la garde, sous les ordres des généraux Lebœuf et Sévelinges, soutenaient cette attaque, et une brigade de grenadiers lui servait de réserve.

La brigade Picard (la 2e de la division Camou) marchait vers la montagne, afin d'appuyer les nouvelles attaques du 1er corps.

La brigade Manèque partit en deux colonnes précédées par des compagnies de chasseurs. Parvenu à la route de Médole à Pozzo Catena, le général ayant déployé la 1re colonne par bataillon en masse, la couvrit par une forte ligne de tirailleurs, fit battre la charge et attaqua les brigades ennemies occupant les monts Alto, Pellegrino et Forco.

La 1re ligne autrichienne fut renversée du choc et vivement poursuivie. Une demi-batterie de la garde, appuyant cette attaque, fit sauter un caisson autrichien sur le mont Alto, en même temps qu'une charge à la baïonnette enlevait cette hauteur et deux des huit pièces qui l'avaient occupée. Une des batteries de la garde s'y établit, et, par son feu sur Solferino, facilita la prise de ce village, pendant que les deux bataillons du 1er régiment de voltigeurs enlevaient au pas de charge le mont Pellegrino.

Le bataillon de chasseurs et le 1er bataillon du 2e régiment de voltigeurs, en entrant à Solferino, coupaient à l'ennemi ses deux lignes de retraite sur Cavriana et Valegio, où il fut poursuivi à outrance.

Frappées de surprise à la vue de ces attaques et de leur résultat, les troupes ennemies qui défendaient les hauteurs de Solferino, menacées d'ailleurs de perdre leur dernière ligne de retraite, ne songèrent plus qu'à sauver leur artillerie. Mais sur les huit pièces de la tour descendant au galop, deux tombent dans un fossé et y sont abandonnées; les autres, en arrivant à la bifurcation de la route qui doit les conduire hors du village, trouvent un détachement de chasseurs qui tue à bout portant les chevaux de la 1re pièce contre laquelle les autres viennent s'amonceler. Canonniers et conducteurs, ainsi que l'escorte qui les suivait, tous alors abandonnent les pièces et retournent précipitamment au château, où ils trouvent l'épouvante à son comble. En ce moment, en effet, la 2e colonne du général Manèque, réunie à la division Forey, escaladait de l'autre côté les hauteurs de la tour avec ses deux bataillons déployés et précédés d'une compagnie de chasseurs.

Remplis d'enthousiasme à la vue du secours qui leur arrive ainsi, les soldats de la brigade d'Alton (91e et 98e de ligne), s'élancent au cri de : Vive l'Empereur! vers le mont des Cyprès, qu'ils emportent après une résistance désespérée. Les deux bataillons de voltigeurs et les chasseurs gravissent en même temps les pentes jusqu'au pied de la tour qui domine le château et s'en emparent.

Pendant ce temps-là, les maisons de Pozzo Catena étaient successivement enlevées par la division Bazaine. Un bataillon du 75e et les compagnies d'élite du régiment escaladaient le cimetière et enlevaient le drapeau et des prisonniers au régiment autrichien de Gustave Wasa.

A trois heures et demie, l'ennemi évacuait la position , laissant entre nos mains 1,500 prisonniers, quatorze pièces de cánon et deux drapeaux. La part de la garde, dans ce glorieux trophée , était de treize canons et un drapeau.

Par ordre de l'Empereur, la division Forey se porta sur les crêtes, dans la direction de Cavriana, et la division Bazaine poursuivit dans la plaine les colonnes autrichiennes fuyant sous le feu de ses batteries et lui abandonnant de nombreux prisonniers. En même temps la division Ladmirault, qui avait le plus souffert, occupait la redoutable position de Solferino.

Cependant Clam Gallas avait rallié ses troupes et, renforcé par la brigade Brandenstein, il avait repris l'offensive. La position des voltigeurs était critique, lorsqu'une batterie de la garde, conduite par le général Sévelinges, vint faire diversion en s'établissant sur le mont Forco. Le général Lebœuf en fit diriger le feu sur les troupes occupant San Cassiano, pendant que le général Mellinet, précédant sa division, accourait avec un bataillon de grenadiers au secours des voltigeurs. Électrisés à cette vue, ceux-ci firent un dernier effort et rejetèrent définitivement l'ennemi au delà de Casa del Monte. En vain il tenta de se rallier à Pagliette pour reprendre l'offensive : une attaque rapide l'obligea à précipiter sa retraite.

Bientôt l'approche du maréchal Mac-Mahon, arrivant avec son corps d'armée et la cavalerie de la garde, obligea l'ennemi à se retirer sur le mont Fontana et sur Cavriana. Ces deux points restaient les seuls à enlever pour opérer la séparation complète de l'armée autrichienne en deux parties.

Dans ce but, l'Empereur ordonna au général Manèque d'enlever Cavriana. Une batterie de douze appuyait cette attaque, que devait aussi seconder le général Camou, accourant avec le reste de sa division.

D'un autre côté, les grenadiers et l'artillerie de la garde servaient de réserve au corps du maréchal Mac-Mahon, chargé d'attaquer le mont Fontana, défendu par des forces considérables. Un premier mamelon, couronné par une espèce de redoute, tomba rapidement au pouvoir des tirailleurs algériens ; mais l'ennemi, par un vigoureux retour offensif, parvint à les déloger ; ils s'en emparèrent de nouveau avec l'aide des 45ᵉ et 72ᵉ de ligne, et en furent repoussés encore. Pour soutenir cette attaque, le général de La Motterouge dut faire marcher sa brigade de réserve, et le maréchal Mac-Mahon fit avancer son corps tout entier.

L'artillerie de la garde, qui s'était fait remarquer pendant toute la durée de cette lutte opiniàtre, contribua puissamment, ici encore, à arrêter les retours offensifs d'un ennemi intrépide. La batterie de ligne du commandant Lafaille prêta aussi un concours des plus utiles. Elle tirait avec une vigueur soutenue sur des masses ennemies, lorsqu'en voyant l'insuccès des tirailleurs algériens, elle changea de direction et, prenant les Autrichiens en flanc et à revers, arrêta leur poursuite.

Cependant le général Manèque s'était dirigé vers le vieux château de Cavriana, qui domine toutes les défenses de la ville et au pied duquel est Borgo Pozzone, espèce de faubourg qui était fortement occupé par l'ennemi et couvrait la porte de la ville. Le général Manèque ordonna l'attaque de ce faubourg, qui fut aussitôt enlevé.

En même temps quelques hardis chasseurs escaladaient les vieilles murailles et apparaissaient à une hauteur prodigieuse sur la plate-forme du château. Ils y surprenaient un poste en observation, qui s'enfuit vers la ville en y semant l'alarme, tandis que les vainqueurs arrivaient à la tour du beffroi et y sonnaient les cloches à toute volée. Cette sonnerie remplit d'épouvante les nombreux Autrichiens qui se trouvaient dans la ville et qui aussitôt coururent de toutes parts vers les brèches pour en sortir.

Les voltigeurs et les chasseurs s'emparaient en même temps du mont Baïte, qui domine les vieux murs de Cavriana. Ce fut alors que le général Manèque, entrant par la porte ogivale, et traversant la ville du nord au sud, arriva au débouché de la route de Solferino, tourna à l'est, sortit de la ville et alla, à plus d'un kilomètre en avant, prendre la position de la Madona della Pieve, au milieu de l'effroyable tempête qui suspendit la fureur des combattants et protégea la retraite de l'armée autrichienne.

Enlevée aussitôt qu'attaquée, cette position était la dernière où l'ennemi pouvait opposer quelque résistance.

C'est ainsi que, par l'exécution exacte des ordres de l'Empereur, se trouva débordée, puis tournée, la position si renommée de Solferino, dont elle facilita la prise.

Pendant que l'armée française obtenait au centre ces brillants succès, la bataille se continuait à la droite et à la gauche avec un acharnement extrême. Le général Wimpfen, commandant la 1re armée autrichienne, envoyait à l'appui des 3e et 9e corps le 11e, qui arrivait de Cerlungo. Vers une heure, ce corps était en ligne, formait ses colonnes, faisait avancer son artillerie, se couvrait de nombreux tirailleurs, et attaquait sur toute la ligne avec une grande intrépidité. C'était surtout vers la Casa Nova que ses colonnes semblaient converger.

Cette ferme, enlevée à l'ennemi dans la matinée, avait été crénelée. Deux compagnies de chasseurs y étaient retranchées, et la division Vinoy était chargée de sa défense. Mais au moment où ces troupes semblaient devoir succomber sous le nombre des assaillants, le général Niel, qui avait gardé sous sa main, en réserve, les 55e et 76e de ligne, de la division de Failly, lançait sur les flancs des colonnes autrichiennes les bataillons de cette réserve, qui, les abordant à la baïonnette, arrêtaient leurs efforts.

C'est ainsi que le 55e et le 76e se virent presque anéantis, dans leurs attaques réitérées contre des forces infiniment supérieures.

Sur leur droite, les colonnes autrichiennes étaient foudroyées par 42 bouches à feu ; mais celles que notre artillerie ne pouvait atteindre avançaient vers la Casa Nova, lorsqu'elles furent attaquées en flanc par un bataillon du 55e, qui leur prit une pièce de canon. Des renforts leur étant arrivés au même instant, il s'ensuivit un carnage affreux. Le colonel de Malleville, (du 55e), accourant avec son 1er bataillon, saisit l'aigle et le porta au milieu des rangs ennemis, où ses soldats, qui voyaient le feu pour la première fois, le suivirent. Le colonel fut tué dans cette furieuse mêlée, et les deux officiers qui successivement avaient relevé l'aigle périrent à côté de lui. Le porte-drapeau fut blessé, deux chefs de bataillon furent tués, le lieutenant-colonel fut blessé dangereusement ; des compagnies perdirent tous leurs officiers tués ou blessés , mais l'ennemi fut arrêté et, malgré tous ses efforts, ne put aller plus loin.

Il en était de même sur toute la ligne. Pour la 5e fois, Baïte, occupé par des troupes de la division de Failly, était entouré de toutes parts et attaqué avec acharnement. Un moment, les Autrichiens crurent au succès : le hameau était en leur pouvoir, ils avaient pénétré dans la ferme par un escalier obscur où les plus braves s'étaient précipités ; ils n'étaient plus séparés de leurs ennemis que par une mauvaise porte, lorsque des balles tirées à travers ce faible obstacle tuèrent à bout portant ceux qui conduisaient l'attaque et la firent reculer. On entendit aussitôt battre la charge ; les Autrichiens, assaillis avec furie, furent mis en pleine déroute, mais en se retirant il mirent le feu en plusieurs endroits.

Ce fut le dernier assaut de l'ennemi sur ce point. C'est là que fut tué le colonel Capin, du 53e de ligne.

De son côté, la division de Luzy repoussa tous les efforts tentés par les Autrichiens pour reprendre Rebecco, et finit par les expulser complétement de ce village.

Étonné de tant de résistance, et ayant d'ailleurs fait donner toutes ses réserves, le général Wimpfen annonçait à l'empereur d'Autriche la nécessité où il était de commencer sa retraite sur le Mincio, quand il reçut l'ordre d'attaquer avec toutes ses forces réunies. Battu au centre, mais vainqueur à sa droite, l'empereur François-Joseph voulait tenter un suprême effort sur la gauche, avant de se résoudre à la retraite.

Le général Wimpfen recommence ses attaques avec la plus grande énergie. Ses nombreux tirailleurs s'avancent soutenus par des masses imposantes et bientôt entourent la Casa Nova ; mais en ce moment le général Partouneaux fait charger les 2ᵉ et 7ᵉ hussards, qui, conduits par le général de Clérembault, fondent sur les tirailleurs ennemis et les forcent à une retraite précipitée. Ils se rallient cependant et reviennent à la charge avec les réserves des 3ᵉ, 9ᵉ et 11ᵉ corps. Ils s'avancent alors précédés d'une artillerie nombreuse et appuyés par de la cavalerie. Les abords de la Casa Nova sont balayés par la mitraille, et d'innombrables fusées éclatent au milieu de nos rangs. Le prince Windischgraetz, avec son régiment, vient appuyer les colonnes autrichiennes qui parviennent jusqu'à la porte de la Casa Nova et veulent l'enfoncer.

L'imminence du danger électrise tous les combattants.

Dans la Casa Nova, les deux compagnies de chasseurs redoublent leurs feux par les créneaux, et moissonnent dans les masses ennemies qui les entourent, tandis que les 42 pièces du général Soleille font pleuvoir la mitraille et les obus sur les colonnes qui sont à leur portée, et que le colonel Berthier, du 86ᵉ de ligne, arrivant au pas de charge avec deux bataillons de son régiment, s'élance à la baïonnette contre les assaillants.

Le général Labareyre, à la tête de la brigade de lanciers, se précipite, de son côté, sur les Autrichiens qu'il refoule sur leurs colonnes, en même temps que le colonel du génie Jourjon, réunissant tous les débris du combat, se jette avec eux au milieu des bataillons autrichiens.

L'ennemi s'arrête au plus fort du carnage et bientôt il recule. En vain les chefs s'efforcent de rallier leurs soldats. Le désordre augmente. Le prince Windischgraetz tombe blessé mortellement.

Le drapeau de son régiment est pris ; le porte-drapeau est tué, et les Autrichiens consternés se retirent du champ de bataille couvert de morts et de blessés, abandonnant trois pièces de canon entourées de débris d'hommes et de chevaux. Parmi les morts étaient deux colonels autrichiens et le colonel français Jourjon, qui fut vivement regretté.

Tel fut le résultat des dernières attaques des 3ᵉ, 9ᵉ et 11ᵉ corps autrichiens.

Mais si des deux côtés l'épuisement était à son comble, la fusillade et la canonnade se soutenaient encore avec une grande vivacité, lorsque, vers trois heures et demie, le maréchal Canrobert, rassuré sur sa droite, fit appuyer la division Renault sur Rebecco, et donna ordre au général Trochu de porter sa première brigade sur le point où se dirigeaient les plus redoutables attaques de l'ennemi. Ce renfort de troupes fraîches permit au général Niel de lancer dans la direction de Guidizzolo une partie des divisions de Luzy et de Failly. Cette colonne s'avança jusqu'aux premières maisons du village ; mais trouvant devant elle des forces supérieures établies dans une bonne position, elle fut contrainte de s'arrêter.

Le général Trochu s'avança alors pour soutenir l'attaque avec la brigade Bataille de sa division, et, abordant l'ennemi, lui enleva une compagnie d'infanterie et deux pièces de canon. Déjà cet officier général était arrivé à demi-distance de la Casa Nova à Guidizzolo, lorsqu'éclata l'orage qui vint mettre fin à cette lutte terrible, au moment même où le concours du 3ᵉ et du 4ᵉ corps menaçait de la rendre si funeste à l'ennemi.

Le 4ᵉ corps enleva aux Autrichiens un drapeau, sept pièces de canon et deux mille prisonniers.

L'armée du Roi, placée à notre extrême gauche, eut aussi sa rude et glorieuse journée. Elle s'avançait forte de quatre divisions, dans la direction de Peschiera, de Pozzolengo et de Madona della Scoperta, lorsque, vers sept heures du matin, son avant-garde rencontra les avant-postes ennemis entre San Martino et Pozzolengo.

Le combat s'engagea aussitôt ; mais de gros renforts autrichiens accoururent et firent reculer les Piémontais. Une brigade de la division Mollard arriva alors, en toute hâte, sur le lieu du combat, et monta à l'assaut des hauteurs où l'ennemi venait de s'établir. Deux fois elle en atteignit le sommet en s'emparant de plusieurs pièces de canon ; mais deux fois aussi elle dut céder au nombre et abandonner sa conquête. Il en fut de même de la division Cucchiari et de la division Durando.

Semblables attaques, dans lesquelles l'armée du Roi déploya la valeur la plus intrépide, se renouvelèrent à plusieurs reprises. Quatre fois elle emporta les hauteurs occupées par l'ennemi, sans réussir cependant à s'y maintenir ; mais, vers 5 heures du soir, la brigade d'Aoste, de la division Fanti, ayant été envoyée par le Roi pour appuyer les généraux Mollard et Cucchiari dans l'attaque de San Martino, cette brigade et la brigade Pignerol, soutenues par une forte artillerie, marchèrent à l'ennemi, sous un feu terrible, et atteignirent les hauteurs. Elles s'en emparèrent et parvinrent à s'y maintenir en combattant avec acharnement. L'ennemi commença à plier, et l'artillerie piémontaise, gagnant les crêtes, put bientôt les couronner de 24 pièces de canon que les Autrichiens cherchèrent vainement à enlever. Deux brillantes charges de la cavalerie du Roi les dispersèrent ; la mitraille porta le désordre dans leurs rangs, et les troupes sardes restèrent enfin maîtresses des formidables positions que l'ennemi avait défendues une journée entière avec tant d'acharnement.

Sur d'autres points encore, l'armée du Roi enleva avec beaucoup de vigueur les positions des Autrichiens, en leur faisant éprouver de grandes pertes.

La résistance que l'ennemi opposa à nos troupes, pendant 16 heures dans cette journée mémorable, peut s'expliquer par l'avantage que lui donnaient la supériorité du nombre et les positions inexpugnables qu'il occupait.

A neuf heures du soir, on entendait encore le bruit du canon qui précipitait la retraite de l'armée autrichienne, et nos troupes allumaient les feux du bivouac sur le champ de bataille qu'elles avaient si glorieusement conquis.

CLICHY. — Impr. MAURICE LOIGNON et Cᵉ, rue du Bac-d'Asnières, 12.